당신이 진짜로 믿었던 가짜뉴스

미디어 리터러시와 미디어 비평

김창룡 지음

당신이
진짜로
믿었던
가짜뉴스

media literacy & media criticism

미디어 리터러시와 미디어 비평

이지출판

가짜뉴스가 우리를 혼란스럽게 하고 있다. 지금도 그 위력과 심각
성이 매우 걱정스럽지만, 본격적인 가짜뉴스 시대는 과학의 발전과
함께 더욱 정교하게 더욱 치명적으로 미래사회를 혼란에 빠트릴 것
으로 전망된다.

세계 각국은 이를 예방하고 차단하기 위해 법과 제도를 만드는 데
바쁘다. 지구상 가장 강력한 가짜 단속 법안을 만든 곳은 싱가포르다.
그곳에서 가짜뉴스를 유포할 경우, 유포 당사자는 물론 이를 게재한
포털 사이트 등도 제재 대상이 된다. 싱가포르는 2019년 상반기에 '징
역 10년, 벌금 8억4천만 원'이라는 무거운 책임을 물리는 정부 법안
을 의회에서 통과시켰다.

싱가포르뿐만이 아니다. 세계 각국이 가짜뉴스로 골머리를 앓고 있
다. 미디어와 학계에서는 "가짜뉴스와 진짜뉴스가 뒤섞이고 거짓이
진실을 가리는 '탈(脫)진실'의 시대가 왔다. 세계 곳곳에선 가짜뉴스
가 사회적 혼란을 일으키지 않도록 전통 미디어와 정부, 연구단체가
손잡고 '가짜뉴스와의 전쟁'을 벌이고 있다"고 입을 모으고 있다.

우리나라 역시 '가짜뉴스 관련 입법안'들이 국회에 제출되었지만 '표현의 자유'를 훼손할 수 있다는 논리로 입법화는 어려워 보인다. 언론사들 역시 가짜뉴스 관련 법안 제정에 소극적이거나 부정적이다. 가짜뉴스는 결국 저널리즘을 훼손시키고 나아가 언론의 신뢰도를 더욱 떨어뜨릴 것으로 예측되지만 미디어는 '언론 자유'를 내세우고 있다.

이는 결국 최종적으로 미디어 소비자가 가짜뉴스와 진짜뉴스를 구분해야 하는 부담이 된다는 뜻이다. 과거처럼 미디어의 보도를 무비판적으로 믿게 되면 가짜뉴스의 희생양이 될 가능성이 높아진다. 나아가 뉴스 소비자들이 가짜뉴스의 또 다른 유포자가 될 수도 있다.

따라서 미래에는 미디어 소비자 스스로 가짜뉴스를 분별할 수 있는 능력을 길러야 하고 '미디어 리터러시(media literacy, 매체 이해력)' 교육도 받아야 한다. 국내에서는 현재와 미래에도 가짜뉴스의 생성, 유포를 단속하기 어렵기 때문이다. 미디어도 팩트체크 등을 통해 진위 구분을 시도하지만 한계가 있다. 미디어 소비자가 미디어 리터러시 교육 등을 통해 스스로 자구책을 마련해야 한다.

이런 생각을 중심으로 여기서는 가짜뉴스와 미디어 리터러시에 관련된 이슈에 초점을 맞추었다. 제1부에서는 왜 가짜뉴스는 사라지지 않는지, 왜 기자들조차 가짜뉴스에 속는지, 가짜뉴스와 오보는 어떤 공통점과 차이점이 있는지, 팩트체크로 가짜뉴스를 잡을 수 없는 이유는 무엇인지 등에 집중했다. 특히 가짜뉴스가 확산되는 공식은 무엇이며 가짜뉴스의 특징에는 어떤 것들이 있는지 등도 분석했다.

제2부에서는 미디어 리터러시 차원에서 '미디어 비평'을 정리했다. 미디어 비평이 정권이 바뀔 때마다 부침을 거듭하면서도 존재해야 하는 이유와 의의, 조건, 함정 등을 하나씩 살펴봤다. 특히 SNS 시대 미디어 비평이 왜 필요한지 등도 알아보았다.

가짜뉴스는 법과 제도의 한계를 뛰어넘어 국민 의식에 영향을 주고 더욱 공고화하는 데 악영향을 미친다. '인간은 아는 만큼 본다'는 명제가 성립되듯이 '인간은 자신이 접하는 미디어, 뉴스에 영향을 받는다'는 주장도 타당하다. 그 뉴스가 가짜든 허위조작이든 당장 알아차리기 쉽지 않고 다수가 그렇게 말하고 생각하면 그것이 여론이 된다는 현실이다.

가짜뉴스가 여론 형성에 기여하고 그 여론이 정책을 결정하는 구조는 민주주의를 위협하게 된다. 여론정치는 중우(衆愚)정치로 타락하게 되고, 이 과정에서 정의는 부정의 패악을 막을 수 없게 된다. 악의 괴성은 선의 미성을 압도하게 될 것이기 때문이다.

더 이상 소극적인 정부를 향해, 무능한 국회를 향해 손가락질 하는 것은 아무 의미가 없어진다. 미래는 미디어 소비자의 적극성과 미디어 리터러시 교육이 더욱 중요해지게 될 것이다. 이 책은 그런 관점에서 미래사회에 조금이나마 기여할 수 있기를 기대하며 출판하고자 했다.

책이 외면받는 이 시대, 이 책을 읽어 주시는 분들께 깊은 감사를 표한다. 지식의 습득이 생활의 지혜로 활용되기를 간절히 빈다.

2019년 가을

김 창 룡

제1부

가짜뉴스는
사라지지 않는다

왜 가짜뉴스는 사라지지 않는가? ┃ 왜 기자들조차 가짜뉴스에 속을까? ┃ 가짜뉴스와 오보의 차이는 무엇인가? ┃ 가짜뉴스의 특징은 무엇인가? ┃ 가짜뉴스의 유형은 어떻게 나눠지는가? ┃ 가장 악질적인 가짜뉴스는 무엇인가? ┃ 팩트체크로 가짜뉴스를 잡을 수 있을까? ┃ 가짜뉴스가 확산되는 공식은 무엇인가? ┃ 가짜뉴스에 속지 않는 비결은 무엇인가? ┃ 미디어 리터러시(Literacy)는 무엇이며, 가짜뉴스를 구분하는 데 도움이 될까? ┃ 가짜뉴스와 오보, 지라시 중 가장 나쁜 것은 무엇인가? ┃ 골치 아픈 가짜뉴스, 나와 상관없는 문제일까?

01

왜 가짜뉴스는 사라지지 않는가?

'가짜뉴스(fake news)'도 뉴스의 모양새를 갖추고 있어 진짜와 구분이 어렵다. 진짜뉴스도 종종 오보를 하기 때문에 진위 여부를 더 혼란스럽게 만든다. 원래 가짜들이 진짜를 흉내낼 때는 매우 그럴듯해야 하기 때문에 뉴스의 기본 요건이라고 할 수 있는 사실(fact)을 교묘하게 섞어서 제작한다.

무엇보다 가짜뉴스는 만들기도 쉽지만 그 효과가 때로 몇 배를 능가하는 경우도 있어 비용 대비 이익 효과는 상상 이상이라고 본다. 따라서 가짜뉴스는 현재도 우리 사회를 혼란스럽게 만들고 있지만 앞으로도 그럴 가능성이 높다.

좀 더 구체적으로 이야기해 보겠다.

■ 인간의 호기심과 상상력

인간은 항상 새로운 것에 대한 호기심이 있다. 이런 호기심은 기존의 비슷비슷한 뉴스 보도보다 뭔가 새롭고 자극적인 제목을 접하게 되면 클릭하게 만든다.

가짜뉴스는 클릭하려는 일반 소비자들의 호기심을 잘 알기 때문에 가짜뉴스를 만드는 사람들은 적당한 사실과 그럴듯한 허위정보를 조작해서 자극적으로 만든다. 가짜는 화려하고 눈길을 끌며 진짜보다 더 뉴스 같은 모양새로 네이버나 다음 등 포털이나 SNS에서 유령처럼 등장한다. 그것을 믿고 싶어하거나 믿는 신봉자들은 정신없이 퍼나르고 심지어 꼭 읽어야 한다고 강권한다.

한 방송사의 유명 아나운서의 파경설이 나돈다는 가짜뉴스가 네티즌들 사이에 크게 확산된 적이 있다. 해당 아나운서가 고소를 해서 범인을 잡고 보니 멀쩡한 중앙 일간지 기자였다. 방송에 나오는 아나운서의 사생활을 가짜뉴스로 만들어 유통한 기자의 윤리의식, 범죄의식에 문제가 있어 비난받아 마땅하다.

대부분 숨어서 인간의 호기심을 자극할 만한 사안을 제멋대로 상상력을 발휘해서 진짜처럼 만들어 버린다. 피해자는 눈물을 흘리며 고통 속에서 괴로워하게 된다.

인간이 새로운 것에 대한 호기심이 있는 한, 또 기자나 일반인들이 사실에 충실하기보다 상상력을 발휘하여 가짜를 만들어 내면 이와 유사한 문제는 늘 인간세계에 나타나는 법이다.

■ 미디어의 속성

원래 가짜뉴스는 인터넷이나 유튜브, SNS 등이 주무대다. 1인 미디어, 블로거 등도 가짜뉴스를 만들거나 유통시키는 데 한몫하기도 한다. 일반 미디어는 웬만해서는 가짜뉴스를 잘 다루지 않는다. 신문, 방송 등 기성 미디어는 공신력을 생명으로 하기 때문에 가짜뉴스를 보도하면 신뢰를 잃게 된다. 또한 법적 책임도 져야 하기 때문이다.

그러나 미디어도 극심한 경쟁체제 속에서 소비자들의 선택을 받기 위해서는 뭔가 다른 뉴스, 다른 서비스를 해야 한다는 강박관념에 늘 빠지게 된다. 방송사는 시청률이 중요하고 신문사는 구독 회원수에 따라 광고 수입이 크게 달라지기 때문이다.

그래서 미디어도 때로는 실수인 척, 혹은 의도적으로 시청률을 올리기 위해 '가짜뉴스'를 보도하기도 한다. 이때 잘 보면, 가짜뉴스를 그대로 올리기보다는 "이런 뉴스가 있다는데… 진실은 무엇일까요?"라는 식으로 보도한다.

종합편성채널인 채널A, TV조선 등은 한때 '광주민주화운동은 북한군 소행'이라는 허위주장을 내보냈다. 탈북민을 등장시켜 그럴듯하게 북한군 특수부대 침입으로 광주민주화운동을 북한군에 의한

폭동으로 몰아갔던 것이다. 이미 노태우 정부에서 사실 규명을 끝냈고 국가 차원에서 '광주민주화운동'으로 정리된 내용을 박근혜 정부에서 가짜뉴스를 방송사들이 앞장서서 내보낸 것이다. 나중에 방송사가 사과했지만 광주민주화운동으로 피해를 본 사람들과 유가족들이 보면 정말 가슴아픈 일을 멀쩡한 미디어가 또 다른 형태의 범죄행위를 한 것이다.

이런 경우는 단순히 색다른 가짜뉴스를 내보내는 실험이라기보다는 보수정권의 이데올로기를 전파하고 북한을 악마화·적대화하는 메시지가 숨어 있다. 북한 문제는 특히 사실관계 확인이 어렵다는 허점을 이용해서 가짜뉴스를 만들어 내고, 미디어는 오보 여부를 따지지 않고 마음놓고 보도하는 방식으로 불신사회를 만든 측면을 무시할 수 없다.

과도한 경쟁체제만이 미디어를 가짜뉴스로 눈길을 돌리게 하는 것이 아니다. 때론 사회적 이념 분쟁을 심화시키기 위해 의도적으로 북한 문제를 적대적으로 다루는 도구로 삼는 것이다.

■ 누구나 뉴스 제작

지금은 누구나 뉴스를 만들 수 있고 유통도 쉽게 할 수 있는 만인의 미디어 제작, 소비시대가 되었다. 유튜브, 페이스북, SNS를 비롯한 다양한 미디어 플랫폼이 이를 가능하게 했다.

SNS에 유통되는 단순한 이야기가 뉴스로 보도되고 유튜브에 사실관계가 확인되지 않은 가짜뉴스가 확산되는 그런 불확실한 세상에 살고 있는 것이다.

여기에는 최소한 두 가지 위험이 도사리고 있다. 바로 한쪽의 주장이나 거짓이 쉽게 공론화되고 기정사실화된다는 점이다. 쉽게 말하고 쉽게 믿어 버리는 각종 혐오사건이 대표적인 예다. 피해자든 가해자든 한쪽의 이야기에 과도한 믿음을 부여하게 되면 편견과 선입관이 생기게 되고, 뒤늦게 사실관계가 밝혀져도 피해자의 피해는 회복 불능 상태가 될 수도 있다.

얼마전 한 버스기사가 아이만 내린 채 그냥 달렸다는 네티즌의 제보가 있었다. 뒤늦게 사실이 아니라는 것이 밝혀졌지만, 해당 운전기사는 온갖 비난과 욕설에 시달려야 했다.

이런 네티즌들의 고발이나 유튜브 제보는 미디어의 보도를 앞선다. 미디어는 사실 관계 확인을 거치지만, 유튜브나 SNS의 주장은 대부분 검증 과정을 거치지 않은 것이다.

누구나 만드는 뉴스, 쉽게 유통, 고발하는 세상은 그만큼 위험도 수반한다는 점을 잊어서는 안 된다. 이를 본 사람들도 너무 쉽게 속단하거나 한쪽 편을 드는 것은 가해자가 될 수도 있다. 진실은 멀고 가짜는 가깝다. 진실은 밋밋하고 가짜는 화려하다. 누구나 뉴스를 만들 수는 있지만 검증 과정 없는 뉴스는 겉포장에 비해 신뢰성을 의심받아야 한다.

앞으로도 누구나 뉴스 제작이 쉬워지고 손안에서 간단하게 접하게 될 것이다. 기술은 모두에게 더욱 편하게 다가가게 하는 뉴스를 제공할 것이다. 다만 진짜/가짜 구분은 앞으로도 최종 소비자의 몫이 될 가능성이 높다.

각종 팩트체크, 인공지능을 활용한 가짜뉴스 구분 프로그램 등이 개발 중에 있거나 시도 중이지만, 그 한계가 벌써 보인다. 더욱 심화될 가짜뉴스 세상은 역설적으로 누구나 미디어를 만들 수 있기 때문에 더 제동이 어려워질 것이다.

■ 돈도 벌고 목적도 달성하고

가짜뉴스는 단순히 호기심을 자극하고 클릭 수를 늘이기 위한 낚시성 뉴스에 머물지 않는다. 가짜뉴스도 정치적 목적이나 경제적 이익을 위해 정교하게 만들어져 특정한 메시지를 내포하고 있다. 그것이 가짜라는 사실이 뒤늦게 드러나더라도 실제로는 목적을 상당히 이뤘다는 평가를 받는다.

대한민국 헌정사상 최초로 대통령을 파면시킨 최순실의 태블릿 PC가 가짜다, 조작됐다고 주장하는 가짜뉴스가 한때 큰 사회적 파장을 가져왔다. 국회의원, 언론인 등 태블릿 PC를 둘러싸고 가짜/진짜 논란이 뜨거웠다.

문제는 '최순실의 것이 맞다'는 검찰의 수사, 국립과학수사연구소의 발표, 법원의 판결이 난 뒤에도 '가짜 주장을 하는 가짜뉴스'에 대한 믿음이 잘 바뀌지 않는다는 점이다. 태극기부대로 통칭되는 일부 지지자들만의 문제가 아니다. 내용을 잘 모르는 평범한 시민들조차 가짜뉴스를 그대로 믿는 경향이 있다는 것이다.

가짜뉴스 논란에 그치는 것이 아니라 이런 가짜뉴스는 지지자들을 모으고 단합시키는 정치적 목적과 함께 유튜브를 활용하여 조회수를 늘이는 수단으로 삼는다. 이는 광고로 연결되고 경제적 수입으로 계산되기 때문에 논란이 확산될수록, 진위를 알기 위해 클릭할수록 돈벌이가 되는 이중구조다.

가짜뉴스는 가짜라고 머리에 달고 나타나지 않고 매우 그럴듯하게 진짜처럼 충격적으로, 자극적으로 눈길을 끌게 만든다. 예를 들면 조선일보와 TV조선은 북한 문제에 관한 한 악마화, 적대시하는데 사실 관계를 중시하지 않는 듯하다.

PD저널은 2018년 〈'1만 달러 요구설' 제기한 TV조선, 정정보도 '나 몰라라'〉는 제목의 보도에서 "TV조선은 지난 5월 19일 '뉴스7'에서 북한이 풍계리 방문 비용으로 우리 돈 천백만 원 정도인 1인당 1만 달러를 요구했다는 내용을 단독으로 보도했다"고 전했다.

그러나 KBS의 〈외신 취재진 '北 수수료 없었다' … '북 1만 달러 요구설' 오보로〉에서 "북한이 풍계리 핵실험장 폐기 취재를 위해 방문하는 외신 취재진에게 사증(비자) 비용 명목으로 1인당 1만 달러(약 1,100만 원)를 요구했다는 일부 언론 보도는 사실이 아닌 것으로 밝혀졌습니다"라는 보도내용을 PD저널이 인용했다.

TV조선이 단독보도로 마치 특종이라도 되는 양 보도했던 '북한 1만 달러 요구설'은 KBS 보도로 사실이 아닌 것으로 정정, 확인된 셈이다. JTBC 뉴스룸은 〈외신 취재진 출국 '비밀작전'… '북, 1만 달러 요구 없었다'〉 보도에서 "오늘 외신 기자들도 북측이 제시한 비용은 1박에 식비 포함 250달러, 왕복 항공료 680달러 정도라고 밝혔다"며 "왕복 항공료와 하루 숙박비 기준으로 우리 돈 100만 원 수준"이라 자세하게 전했다. TV조선의 근거없는 소문은 다행히 KBS, JTBC 등에 의해 바로 정정되었다.

가짜뉴스를 TV조선이 보도함으로써 오보의 영역으로 끌여들였다. 가짜뉴스와 오보에 대해서는 따로 이야기할 것이다. 다만 그 경계선이 애매모호하다는 점, 그러나 분명히 다르다는 점을 정리하고자 한다. 이런 유형의 오보를 반복함으로써 조선일보가 잃은 것은 별로 없다. 대신 북에 대한 적개심, 반공이데올로기를 전파, 확산시키면서 이에 동조, 지지하는 지지세력을 더욱 '우리 편'으로 만드는 효과와 목적은 달성했다.

오보를 만들어서 비용 대비 효과를 이처럼 확실하게 거두기 때문에 이와 관련한 오보 행렬은 앞으로도 줄어들지 않는다. 가짜뉴스는 그 불쏘시개 역할을 하는 것이다.

"한국산 바둑이가 물에 빠진 사람을 구했다"는 보도가 한국 사회를 뒤흔들었다. 외신도 이를 번역하여 멋진 휴먼뉴스로 정리해서 전 세계에 타전했다. 후속 보도를 위해 언론사의 취재가 시작되자 뒤늦게 가짜뉴스라는 사실이 밝혀졌다.

물에 빠진 사람도 없었고, 그런 바둑이도 존재하지 않았다. 그러면 연합뉴스는 왜 그런 가짜뉴스를 보도하게 되었을까?

1980년대 전두환 군사정권에서 언론 통제가 심하던 시절, 지방은 연합뉴스 독점체제가 형성되었다. 타 언론사는 대부분 통폐합되고 이른바 '1도1사제'[1]로 연합뉴스가 보도하면 무엇이든 뉴스가 되고 보도하지 않으면 아무리 큰 뉴스라도 묻히던 시절이었다.

당시 경남 함안 주재기자가 함안 이장의 술주정을 전화로 듣고 기사화했다는 후일담이 있었지만, 다분히 자기변명에 불과했다. 술주정으로 그런 주장을 했다면 확인 취재해야 하는 것이 기자의 의무이고 취재 내용이 화급을 다툴 사안도 아니었다. 기자가 작문성 가짜뉴스를 만들었던 것이고 이를 진짜뉴스처럼 내보낸 것이다.

가짜뉴스는 진짜보다 더 화려하고 더 자극적이어서 후속 취재를

---

1 도(道) 단위로 1개의 언론사만 존재한다는 언론 통제방법의 하나로 전두환 군사정권 시절에 단행된 제도다.

부를 만큼 화끈했다. 후속 취재만 없었더라도 신화로 남을 수 있었는데, 사실 관계를 확인하는 순간 가짜가 들통났다.

가짜뉴스의 반응은 뜨겁고 효과는 만점이다. 가짜뉴스의 생명력이 긴 또 다른 이유다. 사람들은 가짜와 진짜를 구분하지 않으며 나중에 정정보도를 해도 그것을 또 본다는 보장은 없기에 '바둑이보다 못한 인간'이라는 소재로 늘 활용되는 식이다.

2018년 12월 '아시아경제'라는 언론사가 가짜뉴스를 보도했다. 마치 국가기밀에 해당하기라도 하는 양 내밀한 문서를 입수했다면서 1면 톱으로 보도했다. 물론 특종을 뜻하는 '단독'이란 타이틀로 말이다. 내용은 "문재인 정부의 한반도 평화 정책이 미국의 불신과 갈등을 야기한다"는 것으로 부정적이다. '청와대가 실토했다'는 자극적인 내용을 제목에도 담았다. 형식적으로라도 청와대 취재를 했어야 하지만 일단 진짜뉴스처럼 보도하고 말았다. 취재 성실의 의무를 저버린 아시아경제는 결국 가짜뉴스에 속았다는 사실을 뒤늦게 시인하고 사과했다.

내용이 자극적이고 문서화 형태를 띠며 은밀하게 메일로 접근해와 아시아경제에서는 일방적으로 당했다고 했다. 그러나 책임 있는 언론사라면 그런 정도의 제보는 사실 관계 확인만 하면 금방 밝혀질 사안인데 왜 그렇게 하지 않았을까.

우선 내용이 그럴듯하다고 판단했을 수도 있다. 그것보다는 특종 욕심, 타 언론사는 보도하지 못하는 그런 '바둑이'를 발견했다는 자기도취는 없었을까. 취재 기자가 그런 보도를 주장해도 부장이나 국장도 제 역할을 못할 만큼 유혹에 눈이 멀었던 것이다. 그것도 1면 톱에 단독으로. 언론사의 사실 관계 확인이 그렇게 허술하다는 것을 보여 준 셈이다.

진짜뉴스는 효과와 반응면에서 밋밋하다 못해 존재감도 못 느낄 정도인 반면, 가짜뉴스는 반응이 뜨겁다. 내가 기자 시절 외신은 '할아버지 복서 조지 포먼과 핵주먹 타이슨이 한판 붙는다'고 보도했다. 그 내용을 확인해 보면 AP, 로이터통신사가 전한 보도를 한 뉴스통신사가 번역하는 과정에서 오역한 것이다.

당시 스포츠 기자였던 나는 두 외신의 원본을 보며 그 통신사에 확인을 시도했다. 원문에는 두 복서가 같은 날 같은 장소에서 재기전을 갖는 것은 맞지만 상대는 각각 다른 사람이었다. 포먼과 타이슨이 맞붙는 것은 아니었다. 그러나 그 통신사는 오보를 인정하지 않고 냉정하게 전화를 끊었다.

그날 밤 그 언론사의 보도를 인용한 KBS, MBC 등 주요 언론사는 모두 두 사람이 경기를 한다고 오보를 했다. 그러나 2019년 지금까지도 두 사람은 맞붙은 적이 없고 앞으로도 그럴 가능성이 없다. 이미 두 사람 모두 은퇴했으니까. 오보를 인정한 적도 정정한 적도 없이 그렇게 넘어갔다. 가짜가 진짜를 압도하는 현장, 진실은 항상 뒤늦게 나타나는 법이다.

02
왜 기자들조차 가짜뉴스에 속을까?

■ 특종 욕심

2018년 12월 어느 날, 정세현 전 통일부장관이 방북했다는 연합
뉴스 보도가 나왔다. 교착상태에 빠진 남북 관계 협상을 진척시키
기 위해 급파됐다는 그럴듯한 뉴스를 특종처럼 단독으로 보도한 것
이다.

북에 급파됐다는 그 시각, 정 전 장관은 서울 집에 머물고 있었다.
어처구니없는 일이 벌어진 것이다. 연합뉴스는 보도 두 시간 만에
바로 정정하고 사과했다. 전화 한 통화만 했더라면 확인 가능했을
텐데, 특종 욕심에 눈이 멀었던 것은 아니었을까.

중국 현지 주민의 제보를 받았다고 하더라도 취재 확인은 기자의

몫이다. 기자가 '놀라운 기사'를 작성했더라도 다시 확인하고 보완하도록 지시하는 부장이나 국장 등을 미디어에서는 데스크(desk)라고 부른다. 데스크는 기자를 너무 믿었거나 역시 특종 욕심이 앞섰던 것으로 보인다.

특종이란 단독으로 타 언론사보다 먼저 보도하는 것을 말한다. 기자나 언론사는 누구나 특종 욕심을 갖는다. 그 자체를 탓해서는 안 된다. 그것이 때로는 존재 이유가 되기도 한다.

그래서 기자들은 21세기에도 여전히 특종을 위해 밤을 새우거나 망원렌즈로 고공촬영도 불사하며 각고의 노력을 한다. 하나라도 경쟁사보다 새롭고 멋진 뉴스를 제공하기 위해서라는 충정을 폄하해서는 안 된다. 다만 의욕이 앞서게 되면 원칙을 무시하게 되고 가짜뉴스의 유혹에도 쉽게 넘어가는 실수를 범하게 되는 것이다.

그래서 저널리즘에서는 특종을 경계하고 항상 취재 보도 수칙을 준수하도록 강조하고 있다. 취재 현장에서 수도 없이 늘어난 경쟁사와 차별화된 뉴스를 만들기 위해 고민하다 보면 보도 수칙은 멀어지고 달콤한 가짜뉴스의 유혹은 오보의 위험성을 예상하면서도 빠져들게 된다.

사기성 사건을 보면 이와 비슷한 구조를 갖는다. 사기 피해자들은 일방적으로 당했다며 하나같이 억울하다고 하소연한다. 그러나 자세히 보면, 그 사기사건을 통해 이익을 보겠다는 피해자의 욕심도 일부 있었고 사기꾼들은 그런 허점을 악용한 것이다. 물론 사기

꾼은 비난받아야 하듯이 가짜뉴스로 유혹하는 세력에 대해서는 단호한 처벌이 있어야 한다.

그러나 세상에는 사기꾼이 어디에나 존재하듯이 가짜뉴스의 유혹은 기자들에게 일상이 되었다. 특종 욕심을 경계하지 않으면 오보는 반복될 것이고 미디어의 신뢰는 추락하게 될 것이다.

특종이란 것도 따지고 보면, 기자 개인의 명예욕과 회사의 이익이 진실이나 공익적 가치에 우선할 때도 많다. 사실을 알고 보면 허탈한 경우도 많지만 일반인들은 가짜뉴스란 사실조차 모르고 지나가는 것도 많다.

이런 적도 있다. 조선일보가 단독으로 보도한 내용을 KBS가 한참 지난 뒤 비슷한 내용을 또다시 보도했는데, 바로 가짜뉴스였다.

"한 할아버지가 뇌종양 수술을 받고 난 뒤 천재가 됐다"는 믿기 어려운 뉴스였다. MBC 미디어 비평 프로그램 자문 역할을 했던 나는 추적 확인을 통해 할아버지는 천재도 아니고 사전을 통째로 외우지도 못한다는 것을 확인했다.

몇 달 지난 뒤 KBS에서 이 내용을 재탕하여 보도하기에 다시 미디어 비평 칼럼을 통해 비판의 글을 내보냈다. KBS 담당기자가 나에게 전화를 걸었다.

"…무슨 근거로 오보라고 주장합니까? 저에 대한 명예훼손으로 소송을 할 것이니 단단히 준비하세요."

그는 화가 나서 법적 대응을 예고하며 반협박성 전화를 걸었다.

기자 이름도 모르고 그를 비난할 의도도 없었지만, 오보가 횡행하는데 공영방송 KBS까지 나서서 확인도 하지 않는 '게으른 보도'에 대해서는 묵과할 수 없었던 것이다.

그 사건 이후 수년이 지났지만 아직까지 소송 이야기가 없고 그 후 KBS로부터 아무 연락도 없다. 뒤늦게 확인해 보니 신문 보고 확인도 없이 제작한 뉴스라는 것을 알게 됐을까.

기자들의 특종 욕심은 가짜뉴스를 뉴스로 둔갑시키고 확인 안 된 보도를 특종으로 포장해서 나가기도 한다. 미디어 소비자들 입장에서는 불량식품을 전달받는 것이나 다를 바 없다. 문제는 진실은 항상 나중에 그것도 밋밋하게 등장하기 때문에 가짜뉴스의 화려함 속에 묻힌다는 것이다.

■ 데스크의 '한탕주의'

미디어에서는 가짜뉴스에 당하거나 오보를 할 경우를 대비해서 이중삼중의 확인 시스템을 만들어 둔다. 그것은 취재 기자들이 뉴스를 제작했다고 해서 바로 보도하는 것이 아니다. 본사의 차장이나 부장, 국장 등 데스크가 제3자 입장에서 확인하고 검증을 거쳐 'OK' 사인을 내보내야 비로소 뉴스로 인정받는 시스템이다. 이를 영어로 게이트 키핑(gate keeping)이라 부르며 '수문장'으로 번역하기도 한다.

데스크가 본연의 검증 작업을 하지 않고 거꾸로 현장 취재 기자의 보고를 무시하고 오보를 내보내는 경우도 있다. 믿기 힘들겠지만 데스크가 부당한 지시를 내리거나 가짜뉴스를 내보낼 때 현장 기자들은 속수무책이다.

1989년 아프가니스탄 전쟁 취재에 나섰을 때였다. 나는 국내 기자로는 한국일보에 이어 두 번째 종군 취재 임무를 받아 척박한 땅 아프가니스탄 취재에 뛰어들었다. 얼마 뒤 동아일보 기자도 합류했다.

이제야 이야기하지만, 당시 동아일보는 영어가 제대로 되지 않는 기자를 보내 현장 취재도 못하고 호텔에만 머물러 있었다. 경쟁에서 밀린다고 판단한 동아일보는 이번엔 다른 기자를 현장에 보냈다.

아프가니스탄 정부군과 맞서는 무자헤딘 지도자와 만나는 미팅 장소에는 나와 동아일보 기자가 함께 있었다. 주로 내가 말하는 입장이었다. 다음 날 동아 지면에 어떻게 보도됐는지 나는 몰랐지만, 당시 현장에 있던 동아일보 기자가 나에게 양해를 구했다.

"(동아일보) 데스크가 현장에 누가 있었느냐고 묻길래, 국민일보 김 기자와 함께 있었다고 이야기했다. 그런데 기사는 동아일보 단독 인터뷰로 나갔으니 이해해 달라."

무자헤딘 지도자와 동아일보가 마치 단독 인터뷰를 한 것처럼 1면 사이드톱으로 거짓말을 한 것이다. 나는 더 이상 이런 것을 문제삼아 동료 기자를 곤궁에 빠트리고 싶지 않아 당시는 침묵했다. 데스크의 한탕주의가 현장 기자를 곤혹스럽게 만든 것이다.

그것은 단독 인터뷰도 아니고 나 외에 다른 기자들이 있었기 때문에 합동 인터뷰였던 것이다. 미디어 소비자들은 그런 것을 구분하지 않을지 몰라도 제작자는 보다 정직해야 하는 것이 의무다.

국민적 비극이 된 '세월호 사건' MBC 오보는 바로 데스크가 만든 오보였다. '전원 구조'라는 오보를 내보내던 그 시각 당시 MBC 목포지국에서는 '배에 사람들이 남아 있다'고 취재 보도했다. 그런데 MBC 본사로 올라온 그 보도는 '전원 구조'로 둔갑했다고 주장했고, 이는 뒤늦게 사실로 드러났다.

'세월호 관련 오보' 토론회에 참석했던 나는 바로 옆에 앉아 당시 오보 상황에 분개하던 목포 MBC 취재 기자의 답답함을 느낄 수 있었다. MBC가 뒤늦게나마 오보에 대한 사과를 했지만 이것 역시 오만과 독단이 만들어 낸 데스크의 한탕주의에 해당된다.

■ 오보에 관대한 사회

가짜뉴스가 오보가 되기 위해서는 미디어를 통해 뉴스로 취급받아야 한다. 그래서 가짜뉴스와 오보는 거의 동일선상에서 논의되지만 분명히 구분해야 할 점이 많다.

가짜뉴스가 인터넷이나 소문으로 떠돌 때 이를 오보라고 부르지는 않는다. 뉴스로 포장한 가짜에 불과하다. 그러나 미디어에서 이를 보도하면 진짜로 대접받게 되고 사람들은 믿음을 갖게 된다.

해외에서도 가짜뉴스를 보도했다가 오보로 판명나는 일이 종종 일어난다. 그런데 국내에서는 그 빈도수가 잦고 검증도 확인 과정도 생략한 채 가짜뉴스를 그대로 보도해서 오보가 되는 일이 심각한 수준이다.

물론 언론사가 모두 진실만 보도해야 하는 것은 아니다. 기자에게 특별한 조사권이나 수사권도 주어지지 않기 때문에 정보 접근에 한계가 있다. 그래서 기자는 물증이 없더라도 심증만으로 의혹단계에서 보도할 수 있는 자유가 있다.

가짜뉴스를 다뤘다고 오보를 했다고 모두 처벌 대상으로 삼으면 헌법이 보장한 언론 자유는 훼손하게 된다. 그래서 가짜뉴스와 오보는 구분해야 하고 설혹 오보를 했더라도 모두 처벌하지는 않는다. 법은 언론사에 오보도 언론과 표현의 자유 범주에서 인정하고 있는 것이다.

한국은 2019년 '국경 없는 기자회'가 발표한 언론 자유도에서 세계 41위를 기록, 역대 두 번째의 언론자유도를 기록했다. 3년 전 박근혜 정부 때보다 무려 30여 계단 상승한 선진국 수준의 언론자유도를 누리고 있다.

이것은 한국 사회가 언론의 자유를 폭넓게 누리고 있다는 반증이다. 여기에는 오보의 자유, 심지어 악의적인 가짜뉴스조차도 법적 제재를 가하는 데 신중을 기한다는 뜻이다. 국회에서 가짜뉴스의 심각성을 인지하고 다양한 입법을 준비하고 있지만 정부는 아직 직접 나서지는 않고 있다.

언론의 자유, 표현의 자유를 누리는 것은 좋지만 가짜뉴스로 인한 피해가 확산되고 있는 문제는 간과하기 힘들다. 여기에 언론사마저도 가짜뉴스를 이용, 때로는 고의로 때로는 정치적·상업적으로 활용 내지 악용하는 사례도 늘어나고 있다. 결국 미디어 소비자들이 우롱당하고 진실이 훼손되는 일이 점점 늘어나고 있다는 것이다.

미국은 수정헌법 제1조를 통해 어떤 법령으로도 언론의 자유를 제한하지 못하도록 강조했다. 이와 동시에 개인의 명예나 사생활 등 인격권도 함부로 훼손하지 못하도록 규정하고 있다.

언론의 자유와 인격권 수호라는 두 법익이 상충될 때가 문제다. 언론 자유의 이름으로 개인의 법익이 침해되지 않도록 법제를 강화해 놓고 있다. 그것은 언론사에 대해 형사처벌을 하지 않는 대신 민사상 처벌로 대신한다는 것이다. 거액의 피해보상금으로 오보에 대한 책임을 묻는다는 것이다.

이를 '징벌적 손해배상제도(Funitive Damage)'[2]라고 부른다. 가짜뉴스를 확인하지 않고 보도하여 개인의 법익을 심각하게 훼손했을 때는 언론사에서 큰 돈을 준비해야 된다는 뜻이다.

---

[2] 징벌적 손해배상제도는 언론의 오보가 악의적이고 고의성이 다분할 때 최대 백 배까지 배상금을 물릴 수 있다는 것이다. 물론 미국은 주마다 법이 다르기 때문에 모든 주가 이 제도를 도입하는 것은 아니지만 상당수 주에서 이 제도를 활용하고 있어 언론의 신중한 보도를 강제하는 데 기여하고 있다.

우리나라는 일부 제조업체, 환경 관련 업무 등에 한정해서 일종의 징벌적 손해배상제도를 도입하고 있다. 아직 언론사에 대해서는 징벌적 손해배상제도를 도입하지 않고 있다.

결과적으로 언론의 자유는 매우 신장됐지만 오보를 통해 개인의 법익이 함부로 훼손돼도 언론사를 상대로 피해보상을 요구하기는 어려운 현실이다.

시간이 좀 흘렀지만 언론사가 단체로 개인의 법익을 함부로 훼손한 잊지 못할 사건이 있다. 영국과 프랑스로 어학 연수를 떠났던 진효정, 송인혜 두 여대생 실종사건이 있었다. 결과적으로 두 여대생은 당시 런던 민박집 주인이 살해, 억울한 죽임을 당한 사건이었다.

그러나 연합뉴스와 KBS, MBC 등 언론사는 범인의 진술이나 추측성 내용을 바탕으로 "두 여대생이 마약을 했거나 마약 심부름 등 범죄에 연루됐을 가능성"을 보도했다.

영국 런던에서 발생한 한국 여대생 살인사건은 영국 현지 언론 보도와는 달리 국내 언론사들이 앞다퉈 '마약설'을 강조하며 오보를 했다. 결국 영국 검찰과 법원은 민박집 주인 김씨에게 1심에서 종신형을 선고했고, 범인도 이를 인정하고 항소를 포기해 최종심이 되었다.

어느 국내 언론사도 이에 대한 정정보도나 사과를 하지 않았다. 자식을 잃은 부모 입장에서 언론사가 인격살인 보도를 한 것이다. 물론 언론사가 의도하지 않았지만 무고한 여대생을 근거 없이 허위

소문이나 일방적 주장을 통해 명백한 명예훼손을 한 것이다.

이런 유형의 오보는 우리 언론사에서 흔하게 목격된다. 언론 자유는 필요하지만 상대적으로 개인의 법익이 너무 쉽게 너무 자주 침해받는 현실이다. 더구나 모바일 시대로 오보든 진실이든 가리지 않고 삽시간에 퍼져 나가 그 피해는 걷잡을 수 없다는 점이다.

언론의 자유도 존중하고 개인의 법익도 보호하기 위해서는 언론의 자율규제제도를 강화해야 한다. 자율규제는 타율규제가 힘을 발휘할 때 스스로 강화하게 된다.

국내 언론사도 취재 보도 준칙, 언론윤리강령 등 자율규제제도를 마련해 두고 있지만 이를 감시하고 실행하는지는 제3의 기관에서 확인하지 않았다. 영국에서는 언론 자율 규제를 심의, 확인하는 영국언론표준기구(The Independent Press Standards Organisation)[3]를 설립하여 언론의 자유도 확립하고 개인의 법익도 보호하는 두 마리 토끼를 잡기 위해 노력중이다.

언론의 자유는 훼손되어서는 곤란하다. 그렇다고 개인의 법익도 언론에 의해 함부로 가볍게 다뤄져서는 안 된다. 보다 신중하고

---

3 영국언론표준기구(PSO)는 영국의 언론불만처리위원회(Press Complaints Commission)를 폐지하고 2014년에 새롭게 출범시킨 반관반민 형태의 공적기구다. 일반 신문사, 인터넷 신문사, 잡지사 등 2,600여 회원사를 상대로 언론 자율 강령 위배를 모니터하고 이를 위배했을 경우, 중대하고 구조적 문제가 있다고 판단되면 벌금까지 부과할 수 있는 권한이 부여된다.

책임 있는 보도를 하도록 법제를 강화할 시점에 왔다고 본다. 언론 사 스스로 마련하지 못한다면 국가가 나서서 균형 있는 제도를 만 드는 것은 역설적으로 언론사가 자율 규제를 강화하는 계기가 될 것 이다.

■ 취재원의 거짓말

가짜뉴스는 거짓말이다. 허위조작 정보라고도 부르지만 쉽게 이 야기하면 그냥 거짓말일 뿐이다. 거짓말인 줄 알면서도 기자들은 때 로는 확인이 어려워, 때로는 직책의 권위가 갖는 무게감 등으로 보 도하기도 한다.

이명박 전 대통령은 '거짓말을 많이 했고 언론도 가짜뉴스 수준 으로 허위보도를 많이 하게 만든 장본인'이다. "다스는 누구 것입 니까"라는 물음이 국민적 공분을 불러일으켰을 정도로 그의 거짓 말은 집요했고 반복적이었다.

이 전 대통령은 재임 시절 '도덕적으로 가장 완벽한 정권'이라고 허풍을 떨었고 언론은 그대로 보도할 수밖에 없었다. 오죽하면 '도 덕적으로'가 아닌 '도둑적으로' 완벽한 정권이라고 희화화했을까. 이 전 대통령의 최측근인 김백준, 김진모 씨가 구속되던 날, 그는 '정치 보복'이라며 노골적으로 항변했다.

그의 오랜 집사로 알려진 김희중 씨가 국정원 특활비 상납에 관해 구체적인 사실을 언론에 폭로하며 그에게 대국민사과를 요구했지만 들은 척도 하지 않았다. "더 이상 국민들이 용납할 수 있는 상황이 아니다. 국민께 진심으로 사과하고 용서를 구하는 것이 최선이다"라는 마지막 충언까지 거부했다.

정치인들은 언론의 주요 취재원이다. 이들의 말과 주장은 그대로 보도되며 진실과 거짓이 혼재된다. 세월호 사건과 직접적으로 연계된 박근혜 전 대통령도 최초 보고받은 시점과 대응 행태에 대해 무수히 거짓말을 했고 언론도 충실하게 받아적었다.

세월호는 한꺼풀씩 진실을 드러냈고 진상조사는 그 진위를 분명히 가려내고 있다. 검찰과 법원, 국회, 헌법재판소 등은 대통령의 거짓말에 대해 응분의 책임을 물었다. 그 과정에서 언론 보도에 대해서는 따지지 않았다. 불가피한 측면이 있다고 보는 것이다.

취재원의 거짓말에 대해 정치분야처럼 모두 관대한 편은 아니다.

월간조선은 과거 광주민주화운동 당시를 보도하면서 관련 사진을 게재한 적이 있다. 그런데 광주민주화운동과는 전혀 관련 없는 무장공비소탕 사진을 취재원이 건넨 것이었다. 취재원의 거짓말에 월간조선도 당한 결과가 되었다. 취재원은 법적 처벌을 받았지만 월간조선은 면책되었다. 취재원의 거짓말은 언론사로 하여금 오보 수준을 넘어 가짜뉴스 진원지가 되게 하기도 한다.

기자는 취재원의 도움으로 취재가 가능해지기 때문에 항상 취재원을 가까이한다. 물론 취재원의 일방적 주장은 경계해야 하지만 교묘한 거짓말까지 구분하기란 쉽지 않다. 신뢰를 쌓은 취재원이 진짜처럼 포장하여 가짜뉴스를 전하는 경우, 자칫 미디어가 희생양이 될 수도 있다.

선거철이나 국정감사 기간이 되면 경쟁상대를 곤경에 빠트리기 위해 상대방에 대한 거짓뉴스나 허위소문이 횡행하곤 한다. 언론사나 기자가 이를 보충취재한다는 명분으로 한쪽 편 이야기만 강조하면 파장은 걷잡을 수 없게 된다.

경남 김해 소재 경남매일신문은 2018년 6·13지방선거에서 "태호가 경수 잡았다"는 식으로 허위, 일방보도를 내보냈다. 한쪽 편에 서서 스스로 공정성을 위반하면서까지 '가짜뉴스 수준의 허위보도'를 과감히 내보낸 것이다. 그로 인해 경남매일신문 노동조합이 사과하고 편집국장이 회사를 그만두고 수사 대상이 된 사건이다.

한쪽 편에 서서 한쪽 편 취재원의 말과 주장에 경도된다는 것은 곧 미디어의 타락을 의미한다. 취재원은 설혹 자기중심적 주장을 하더라도 미디어가 그런 주장에 동조하여 공정성이나 형평성을 저버리게 되면 존립 근거가 없어지는 것이다. 취재원은 보이지 않지만 뻔한 오보를 일삼는 언론사는 스스로 존재 의미를 부정하는 것이다.

03

가짜뉴스와 오보의 차이는 무엇인가?

가짜뉴스와 오보의 15가지 차이점

국정농단의 주범 최순실 씨의 태블릿 PC가 최씨의 것이냐 아니냐는 진위 여부가 논란이 됐다. 심지어 야당 일각에서 기자회견까지 열어 "최씨 것이 아니다"는 주장을 펼쳤다. 그러나 검찰, 국과수, 법원 등 공신력 있는 국가기관의 판단은 최씨 것이라고 동일한 결론을 반복해서 내렸다.

이런 결론이 나온 뒤에도 과학적 증거나 물증 제시는 못하고 공허한 주장을 펴는 것은 허위일 뿐이고, 이를 마치 진실인 양 포장하여 인터넷이나 유튜브, SNS 등에 유포시키는 것은 가짜뉴스의 영역에 속한다. 이런 가짜뉴스를 언론에 보도하면 그것이 바로 오보가 된다. 그래서 가짜뉴스와 오보의 영역은 겹치는 부분이 많고 실제로 구분이 쉽지 않다. 하지만 반드시 구분해야 한다.

그럼 가짜뉴스와 오보는 무엇이 다를까?

허위 조작 정보조차 규제를 해서는 곤란하다는 주장의 이면에는 오보와 구분하기 어려워 자칫 표현의 자유가 위축될 수 있다는 점이다. 먼저 가짜뉴스와 오보의 분명한 차이점부터 제시해 보겠다.

■ 하나, 탄생 과정의 비밀

가짜뉴스는 처음 만들어질 때부터 의도적으로 조작된다. 사실과 허위주장을 교묘하게 조합하여 진짜처럼 둔갑시킨다. 오보는 의도성, 고의성이 배제되는 경우가 대부분이다. 잘못된 취재나 판단, 실수에 의한 것이 주를 이룬다. 가짜뉴스는 풍자나 재미로 만들기도 하지만 대부분 처음부터 의도적으로 제작한다.

■ 둘, 뉴스의 영역이 아닌 사기술

가짜뉴스는 뉴스라는 이름만 달았을 뿐 뉴스의 영역이 아니고 조작과 날조의 결과물로 일종의 사기술의 종속물이다. 허위날조는 국민 기만용으로 법적 처벌 대상이다. 오보는 기본적으로 저널리즘의 한 영역으로 불가피성, 정상성이 항상 참작되며 법적 보호의 테두리 안에서 존재한다. 서로 노는 물이 다르기 때문에 비슷하다는 이유로 동일시해서는 안 된다.

■ 셋, 목적성 유무

가짜뉴스는 탄생부터 최종 목적지가 분명한 특정 메시지를 담고 있다. 주로 정치적 목적이나 상대방 혐오, 낙인찍기 등 분명한 타킷이 정해져 있다. 오보도 때로 위험한 목적지향적일 수 있으나 보편적으로 저널리즘의 오보에서 목표는 없는 편이다. 간혹 오보에도 목적성이 의심되는 경우도 있지만 가짜뉴스처럼 노골적이지도 집요하지도 않은 차이점이 있다.

■ 넷, 사실(Fact) 존중 여부

저널리즘에서 "사실은 신성하다(Fact is sacred)"는 말이 있을 정도로 사실을 중시한다. 사실을 조각조각 모아서 진실에 접근하기 때문이다. 가짜뉴스는 간단한 사실관계를 확인 안 하는 것이 아니라 조작, 악용한다. 오보도 때로 사실관계를 확인하지 못하는 경우도 있으나 적어도 자유민주주의 국가에서 정상적인 저널리즘이 작동된다면 가짜뉴스처럼 조작, 날조까지는 하지 않는다.

■ 다섯, 숨겨진 배후 유무

가짜뉴스는 대부분 숨은 배후가 존재하는 편이다. 물론 노골적으로 가짜뉴스를 사실인 양 주장하기도 하지만, 이는 일부 정치권에서나 볼 수 있는 드문 경우다. 오보는 배후가 있다기보다는 정치적 목적, 상업적 이익이나 부실한 취재, 특종 과욕 등 부실한 검증장치 부재가 원인인 경우가 많다. 오보는 언론사의 과욕, 판단착오, 정치적 편향성 등이 원인이 되는 정도다.

■ 여섯, 밀실과 수문장

가짜뉴스에는 '밀실(secret room)'이 존재해 누가 어디서 어떻게 날조물을 만들어 내는지 밝히기가 쉽지 않다. 오보에는 '수문장(gate keeping)'이 존재해 오보를 걸러내기 위해 노력하는 장치가 있지만, 그것이 부실하거나 생략되는 바람에 가짜뉴스로 오해받을 수는 있다. 밀실과 수문장은 존재 이유나 목적이 다른 만큼 이를 확인하면 오보와 가짜뉴스를 쉽게 구분할 수 있다.

■ 일곱, 법의 보호영역 안과 밖

형법, 민법에서 저널리즘의 오보를 표현의 자유 영역에서 보호하는 조항을 두고 있다. "비록 오보로 밝혀지더라도 진실로 믿을 만한 상당한 이유가 있을 때" 이를 처벌하지 않는다는 조항과 대법원 판례로 법적 보호 영역 안에 있다. 오보라고 모두 법의 처벌 대상은 아니다.

물론 일부 고의성이 강하고 피해가 심대한 경우에는 처벌을 받기도한다. 그러나 가짜뉴스는 처음부터 이런 법적 보호 영역에 포함되지않는다. 거짓말을 보호하는 법조항은 어디에도 없기 때문이다.

■ 여덟, 정정보도 여부

가짜뉴스에는 정정이 없고 억지와 우김은 있다. 공신력 있는 언론사는 가짜뉴스를 함부로 인용하지도 전파하지도 않는다. 물론 오보는 그것이 밝혀지기 전까지는 타 미디어에서 인용도 하고 전파도한다. 그러나 오보는 사실이 밝혀질 때는 어떤 형태로든 언론사에서 바로 정정하는 편이다. 가짜뉴스는 처음부터 허위로 포장되어 있기 때문에 나중에 들통나더라도 정정은 없고 대신에 '속았다, 몰랐다, 당했다' 등 피해자 코스프레는 있다.

■ 아홉, 우연이냐 필연이냐

가짜뉴스에 우연은 없다. 우연히 혹은 풍자 형태로 만들어진 가짜뉴스는 바로 알게 되고 주변을 크게 오염시키지도 않는다. 가짜뉴스는 고의성과 의도성 때문에 대부분 필연으로 귀결되는 경우가많다. 저널리스트는 수사권도 조사권도 없으며 어렵사리 취재한 불완전한 내용을 토대로 완전한 그림을 그려내기 위해 비약도 과장도 추측도 하게 되며, 필연적으로 오보의 요소가 따르게 된다. 그래서 모든 뉴스가 진실이어야 한다는 주문은 당연하지만 현실적으로 우연히 오보가 나올 수밖에 없는 구조다.

■ 열, 국민의 알권리에 해당?

헌법이 보장한 '국민의 알권리'에 가짜뉴스/허위날조 정보는 포함되지 않는다. 정상적인 저널리즘 형태를 거친 뉴스와 논평은 비록 일부 오보나 부정확한 내용을 포함하더라도 이를 '알권리' 차원에 포함시킨다. 가짜뉴스도 부정확한 보도이고 구분이 어렵다는 이유로 알권리 차원에서 보호받아야 한다고 주장하는 것은, 가짜뉴스 생산자들 혹은 동조자들이거나 오보와 가짜뉴스 구분이 안 되는 위선자들일 뿐이다. 헌법이 강조하는 국민의 알권리라는 것은 조작에 의한 거짓뉴스 알권리까지 포함하지는 않는다.

■ 열하나, 노는 물이 다르다

가짜뉴스의 무대는 주로 페이스북, 트위터, 유튜브 등 소셜네트워크다. 온갖 혐오 발언과 가짜정보가 생성, 유통되는데, 우리나라 미디어 소비자들 절대다수가 여기에 고스란히 노출되어 있는 셈이다. 퍼나르기도 쉽고 믿기도 쉽지만 검증이 어렵고 바로 확인이 안 되는 문제점이 있다. 노는 물이 다른 곳에서는 미디어 소비자가 그만큼 조심해야 한다. 오보는 가짜뉴스만큼 잦지도 심각하지도 않은 편이다.

■ 열둘, 일정한 패턴의 반복성

오보도 가짜뉴스도 잘못된 정보 제공이란 점에서 똑같다. 그러나 오보는 일정한 패턴이 있다기보다는 돌발적이고 부정형이다. 가짜 뉴스는 작위적이고 일정한 패턴과 메시지를 반복, 혐오대상, 낙인 찍기, 악마화라는 목표를 집요하게 반복하는 경향이 있다. 물론 이런 유형의 가짜뉴스를 믿고 추종하는 사람들에게는 이 이상의 진짜가 없다고 믿게 만든다. 반복의 힘은 가짜를 진짜처럼 만드는 착시 효과를 가져오기도 한다.

■ 열셋, 취재원 악용 여부

뉴스의 진위를 가리는 첫 번째 일은 출처와 취재원의 익명성, 신뢰도 등을 따지는 것이다. 가짜뉴스는 취재원이 불분명하거나 확인이 쉽지 않은 편으로 이를 악용하기도 하지만 오보의 경우 취재원이 불분명할 수 있으나 악용까지는 하지 않는다. 오보는 취재원의 언론플레이에 이용당하는 등 피해자의 입장이고, 가짜뉴스는 가짜 취재원을 악용하는 가해자의 입장이다.

■ 열넷, 정보의 출처 미상

가짜뉴스는 작성자가 누구인지, 출처가 어디인지 알기 어렵고 '카더라통신'에 의존하는 경향이 있다. 오보도 출처 미상 익명의 제보에 의존할 수 있고, 추측성 보도 결과일 수 있지만 작성자나 언론사의 이름 정도는 알 수 있기 때문에 눈밝은 미디어 소비자는 구분이 가능하다. 때로는 유명 해외 언론사나 국책연구기관 등의 명의를 도용하거나 위장하여 진짜처럼 출처에 신빙성을 부여하기도 하지만 확인만 하면 바로 들통나는 것이 가짜뉴스다.

■ 열다섯, 진짜보다 더 화려한 가짜뉴스

왜 사람들은 가짜뉴스에 더 현혹될까? 가짜뉴스는 사기로 만드는 허위조작품이기 때문에 사기에 요구되는 요소들을 대부분 포함하고 있다. 포장이 화려하고, 제목이 자극적이고, 내용이 상상초월, 믿기 어려워 클릭하게 만든다. 낚시성 기사와는 근본부터 다르다. 진짜는 오히려 싱거울 정도로 밋밋하지만 가짜는 모든 부분에서 화려함과 자극성으로 차별화를 보인다. 그렇게 해야 장사가 되고, 그렇게 해야 뒤에 진실이 밝혀져도 이미 소기의 목적을 달성하기 때문이다.

가짜뉴스는 한마디로 '쇼크(Shock)'라는 특징이 있다. 이미 오보와 비교하면서 가짜뉴스의 특징을 언급했지만 여기서는 사례를 통해 좀 더 보완하는 차원에서 살펴보겠다.

가짜뉴스의 특징과 쇼크를 센세이셔널(Sensational), 연결성(Connection), 혐오(Hatred), 일방성(One way), 치명성(Killing) 등 5가지로 정리했다. 앞머리 글자를 따서 쇼크(SHOCK)로 정리했다.

■ 센세이셔널(Sensational)

'획기적이고 눈길을 끌고 자극적인 것'을 영어로 센세이셔널이라 표현한다. 영국 프리미어 리그에서 활약하고 있는 손흥민 선수는

'센세이셔널 손'이라는 별칭을 갖고 있다. 그가 축구경기장에서 활약하는 모습이 다른 선수에 비해 두드러지고 주목을 받을 만큼 돋보인다는 뜻이다.

뉴스의 세계에서도 진위 여부를 떠나 자신의 뉴스가 센세이셔널할 정도로 소비자들로부터 주목받고 싶어한다. 문제는 뉴스 그 자체가 아니라 가짜뉴스가 허위 포장을 해서 센세이셔널한 모습으로 등장한다는 것이다.

JTBC는 '팩트체크'를 통해 2017년 시청자가 뽑은 '최악의 10대 가짜뉴스'를 발표했다. '최순실 태블릿 PC 조작설', '세월호 피해자만 과도한 보상을 받는다', '5·18 때 북한 특수군이 내려왔다', '청와대 직원 500명 탄저균 예방접종', '8인 체제 위헌·탄핵 불복' 등 상위 5대 가짜뉴스의 제목이 벌써 자극적이다. 나머지 5개도 눈길을 확 끄는 제목을 달고 있다.

자극적이지 않으면 가짜뉴스가 아니다 할 정도로 화려하다. '최저임금 올라 9급이 알바생보다 못하다', '헌법재판관이 범죄에 연루됐다', '인간 왕따시키고 AI끼리 대화?', '4·27 북폭설 진원지는 일본 블로거', '베를린 구상으로 탄핵사유 발생?' 등 충격적인 내용뿐이다. 물론 모두 사실이 아니지만 그럴듯하게 그러나 자극적으로 조작된 것들이다.

미디어 세계에서는 뉴스가 화려하거나 놀라울 정도로 자극적으로 다가올 때 일단 의심하는 것이 좋다. 해외에서도 '히틀러는 여전히 살아 있다', 'BBC, 핵전쟁 지구 종말보도?', '인류가 달에 간 적이 없다', '엘비스 프레슬리는 살아 있다' 등의 자극적인 가짜뉴스는 아직도 그치지 않는다. 우리나라는 가짜뉴스를 인터넷에 떠도는 헛소문 정도에 그냥 놔두는 것이 아니라 언론사가 이를 보도, 확산시키는 역할을 하는 데 문제의 심각성이 있다. 가짜뉴스에 사람들이 시선을 빼앗기고 주목하니까 가짜로 밝혀지기 전까지는 무조건 남는 장사다. 클릭 수도 늘어나고 광고도 들어오고 존재감이 두드러져 언론사들도 몰라서 가짜뉴스를 보도하는 게 아니라 워낙 유혹이 커서 '…논란', '…진위는?', '과연 …일까?' 등의 행태로 보도하는 것이다.

뉴스의 세계에서 자극적일 경우 진실보다 허위에 가깝고, 이는 검증이 필요하다고 판단하면 된다. 바로 믿고 흥분하는 사람들은 나중에 진실을 알려줘도 믿지 않으려 한다. 자극성이 강한 가짜뉴스는 사실을 압도하고 진실을 흐려 버리기 때문에 뉴스를 대충 보는 사람들을 희생양으로 삼는다.

■ **연결성**(Connection)

가짜뉴스는 그 자체로는 주목을 받을 수도 없고 영향력도 발휘하지 못하지만, 누군가 또 어떤 기관의 도움을 받을 때는 엄청난 괴력을 발휘한다.

예를 들면 일반인이 트위트나 페이스북 등 SNS에 가짜뉴스를 만들고 이를 지인들에게 퍼날라도 극히 일부의 소문에 그치고 만다. 그러나 같은 사안이라도 국회의원, 시장, 검사나 기자 등이 SNS를 통해 전파하면 무게감과 주목도, 신빙성이 달라진다. 그것은 바로 전파자가 주는 직책, 그 직책에 부여하는 신뢰도가 다르기 때문이다.

2018년 말 이언주 국회의원이 "방송인 김미화 씨가 남북철도추진위원장"이라고 주장했다. 삽시간에 "철도전문가도 아닌 김미화 씨가 무슨 위원장?" 하며 비난 댓글이 주를 이뤘다. 언론보도를 통해 이는 사실이 아닌 허위임이 밝혀졌다.

미디어가 사실이 아님을 밝혀 주기도 하지만 거꾸로 허위를 더욱 부추기거나 확산시키기도 한다. 문화일보는 2018년 12월 홈페이지에 '방송인 김미화가 남북철도추진위원장' 이렇게만 제목을 사진과 함께 편집해서 올렸다. 뉴스 전체를 보지 않고 제목만 보는 사람들은 정말로 김미화 씨가 남북철도추진위원장을 맡은 것처럼 소개했다. 매우 고약한 편집이다. 그런 조직도 직책도 없고, 김씨의 경우 자원봉사 정도 한 것이 전부라고 연합뉴스가 보도했다.

사회적으로 문제가 되는 가짜뉴스는 대부분 이런 공식에 따라 만들어진다.

① 누군가가 부분적인 사실을 조합하여 화려한 모습으로 만들고,

② 정치인이나 유령단체 혹은 해외 유명기관으로 출처를 명시하여 SNS에 올리고

③ 커넥션을 맺은 미디어에 은밀하게 보내거나 미디어가 스스로 보도한다.

물론 여기에는 특정 메시지를 담고 있기 때문에 누가 만드는지 배후를 알기 어렵다.

예를 들면 2018년 11월 26일 아시아경제는 1면에 "'한미동맹 균열 심각' …靑의 실토"라는 제목의 기사를 보도했다. 대단한 특종이라도 되는 양 네이버 뉴스는 '단독'을 붙여 보도했다. 이는 가짜뉴스에 멀쩡한 신문사가 놀아난 꼴이 됐다.

내용이 충격적이다. 가짜뉴스의 유용한 도구가 된 아시아경제는 "한반도 비핵화와 평화 정착을 추진하는 과정에서 한국에 대한 미국의 불신이 급증하고 있다"고 보도했는데, 입수한 청와대 국가안보실의 '한반도 및 동북아 정세 평가와 전망' 보고서가 근거였다. 청와대 국가안보실을 가장한 세력이 언론사 메일로 가짜뉴스를 뿌린 것을 덥석 물었던 결과다.

가짜뉴스 제조자 입장에서는 미디어와 커넥션을 맺어 문재인 정부의 대외정책, 대미정책에 타격을 주고 민심 이반을 확산시키는 목적을 달성했다. 가짜뉴스를 통해서 말이다. 이런 식으로 가짜뉴스와 결합한 미디어는 앞으로도 문재인 정부의 지지율을 떨어뜨리고 불신과 혼란을 키워 나갈 것이다.

언론사가 청와대를 가장한 가짜뉴스 진위를 파악하지 못했거나 하고 싶지 않았거나 어느 경우든 언론사의 책임은 피하기 어렵다.

모든 언론사는 진위 여부를 확인할 책임이 있고 이를 게을리했을 때는 법적 처벌 대상이지만 한국 언론은 자신의 잘못조차도 무조건 '언론 자유 탄압'으로 항변한다. 최소한의 취재 성실의 의무조차 하지 않으면서 권리 주장 목소리를 높이는 식이다.

허위조작 정보가 파급력을 갖고 국민을 현혹하기 위해선 그럴듯한 권위의 직책 혹은 기관을 이용하고 통신사와 방송사, 신문사 등의 언론사와 어떤 형태로든 커넥션을 이루는 형식이다.

■ 혐오(Hatred)

가짜뉴스에는 혐오가 있다. 그 대상이 특정 개인이거나 조직, 성별, 종교, 정치성향, 이념 등 다양할 수 있다. 혐오는 상대를 공격하는 동시에 아군의 결속력을 높이는 이중효과를 가져오기 때문에 가짜뉴스는 그렇게 만들어지는 것이다.

예를 들면 JTBC가 보도한 2017년 10대 가짜뉴스의 상위 5개에 대해 살펴보자.

'최순실 태블릿 PC 조작설'은 이를 특종 보도한 JTBC를 혐오했고 이를 주도한 손석희 앵커를 또한 혐오했다. 파면당한 박근혜 전 대통령을 동정하는 동시에 '스모킹건' 역할을 한 태블릿 PC를 가짜로 만들려고 부단히 노력했다. 진짜를 가짜로 만들기 위한 몸부림은 처절했지만 달라진 것은 없다. 손석희 앵커에 대한 혐오를 넘어

시위와 협박도 서슴지 않았다.

'세월호 피해자만 과도한 보상을 받는다'는 보도도 사실이 아닌 가짜뉴스임이 밝혀졌다. 심지어 '14억, 15억 받는다'는 식으로 거짓을 퍼뜨렸고 이는 세월호 유가족에 쏟아지는 국민의 동정심을 혐오로 바꾸려는 노력의 일환이었다. 세월호 사건은 박 전 대통령을 파멸로 몰아간 원흉으로 미워하는 세력이 엄존하기 때문이다. 세월호 유가족들은 그들에게는 혐오의 대상이다.

'5·18 때 북한특수군이 내려왔다'는 가짜뉴스도 북한에 대한 혐오감을 확대, 강화하는 데 활용됐다. 정부의 진상조사, 확인을 거쳐 '광주민주화운동'으로 공식화했음에도 불구하고 뒤늦게 '북한특수군 탓'으로 거짓을 만들어 내는 이면에는 반공이데올로기를 강화하고 북한을 악마화하는 이념 공세가 있다. 동시에 광주를 비롯한 특정 지역이나 지역민을 '빨갱이화'하여 죄악시하는 혐오 감정이 깔려 있다.

'청와대 직원 500명 탄저균 예방접종 받았다'는 가짜뉴스는 문재인 정부의 입장에선 기가 찰 노릇이다. 국민은 예방접종은커녕 구경도 못했는데 그것도 청와대 직원 500명만 몰래 예방접종을 받았다는 뉴스. 이런 가짜뉴스는 뒤에 허위로 밝혀져도 문재인 정부에 대한 반감을 조성하고 현정부에 반대하는 세력들의 단결을 도모하는 효과를 가져올 수 있다. 가짜는 바로 가짜라고 밝혀지지 않고 시간이 걸리기 때문에 이미 그 효과는 충분히 달성한 것이다.

■ **일방성**(One way)

가짜뉴스의 또 다른 특징은 한쪽 주장만 일방적으로 전달한다는 것이다. 여기에는 정확성, 균형성, 공정성, 형평성 등 일반적 뉴스가 갖춰야 할 요소가 포함되지 않는다는 것이다. 그래서 더욱 강력하고 더욱 선정적이다.

예를 들면 '최저임금 올라 9급이 알바생보다 못하다'는 가짜뉴스는 최저임금 인상의 부작용을 극대화하기 위해 자극적으로 조작된 것이다. 일반인에게 "알바 할래, 9급 공무원 할래?"라고 물으면 답은 간단하다.

'현송월이 북한에서 총살당했다'는 조선일보의 보도는 허위소문을 보도한 가짜뉴스인 셈이다. 그가 살았는지 죽었는지조차 모르는 상황에서 '총살'이라는 구체적 방법까지 거론하며 오보를 한 것이다. 2018년 평창동계올림픽 때 현송월이 북한 대표 중 한 사람으로 우리나라에 왔을 때 조선일보는 가짜뉴스에 놀랐을까? 정정보도도 사과도 하지 않고 일방적으로 가짜뉴스를 만들어 내보내 북한을 악마화하는 것은 책임 있는 언론사가 할 일은 아니다.

최소한의 반론권이나 상대편 주장 등은 깡끄리 무시하고 오직 믿고 싶고 듣고 싶은 것만 포장하는 맞춤 형식이 가짜뉴스의 특징 중 하나다. 그래서 가짜뉴스는 별로 고민이 필요없고 보는 순간 확신을 갖게 한다.

물론 사실이 밝혀지는 것은 한참 시간이 지난 뒤가 되기 때문에 그때쯤이면 관심권에서 멀어져 있고 사실을 밝히더라도 별 영향력이 없다. 사실로 확인이 안 되는 경우도 종종 있다.

조선일보의 현송월 총살형 보도도 2018년 평창올림픽 때 그가 모습을 보여 주지 않았다면 죽은 것으로 넘어갔을 것이다. 미디어는 그가 죽었다 살았다 떠들어도 정작 본인은 그런 사실조차 모르고 사는 것이다. 그만큼 일방적이고 그만큼 검증 논리조차 가짜뉴스는 무시하는 것이 주요한 특징이다.

■ 치명성(Killing)

가짜뉴스에 당하는 입장에서는 치명적이다. 진짜로 포장된 가짜뉴스의 위력은 진짜를 능가할 만큼 SNS를 통해 조직적으로 퍼져 나간다. 여기에 미디어가 확산의 일익을 담당하게 되면 허위가 진실로 여겨지며 그 피해는 치명적이다.

가짜뉴스는 반복성을 갖기 때문에 처음 의심하던 사람들조차 차츰 믿게 되는 만큼 당하는 입장에서는 회복 불능의 이미지 타격이나 인격 살인을 당하는 셈이다.

한국경제신문은 2018년 여름 '대전에서 최저임금 인상 때문에 자살사건이 있었던 것'처럼 보도했다. 그러나 다른 언론사가 추적해 본 결과 그런 이유로 자살한 사건은 없는 가짜뉴스임이 밝혀졌다. 물론 한국경제신문은 가짜가 아니라고 주장했지만, 경찰도 부정하고 죽음의 원인도 분명치 않은 사건을 그렇게 단정해 문재인 정부 공격용으로 활용했다. 가짜뉴스 논란에 빠졌지만 야당에서는 한국경제신문 보도를 사실인 양 인용, 정부의 경제정책을 비판하는 수단으로 삼았다.

가짜뉴스의 유형이 어떻게 만들어지고 어떻게 활용되고 있는가를 보여 주는 좋은 사례에 해당된다. 한국경제신문은 그 보도를 홈페이지에서 내렸지만 이미 정치인의 손에 넘어가 살아움직이는 것을 보여 주었다. 정부의 경제정책을 비판하는 것은 야당에서 당연히 할 수 있는 일이지만, 진위가 밝혀지지 않고 스스로 철회할 만큼 자신없는 명백한 오보를 이용하는 것은 곤란하다.

노회찬 전 정의당 의원이 투신한 다음 날인 2018년 7월 24일, 영상 스트리밍 사이트 유튜브에는 '노회찬 타살 의혹'을 담은 영상이 조회 수 30만 회를 기록하며 공유되기 시작했다. 의혹이란 이름이지만 사실은 가짜뉴스에 불과했다.

경찰은 이미 타살 의혹에 대해 '근거 없는 주장'이라고 일축했으나 영상은 일파만파 퍼졌다. 조회 수가 급격히 올라가자 추천 시스템을 통해 인기 섹션에까지 올라갔을 정도였다.

가짜뉴스의 음모론은 더욱 비약, 발전하여 문 대통령을 향했다. '문재인 대통령의 금괴 불법 취득 사건을 덮기 위해 노회찬 의원이 타살됐다', '유서도 가짜다' 등의 콘텐츠가 생겨났을 정도다. 유튜브 조회 수를 얻기 위해 유튜버들은 각종 음모 콘텐츠를 쏟아내기 시작했다. 누리꾼들은 '100% 타살이다', '부검을 해야 한다' 등의 댓글을 달며 동조했다.

유가족들의 가슴에 두 번 세 번 상처를 주는 황당한 음모론이었다. 더구나 또 다른 가짜뉴스 '문대통령 금괴사건'을 기정사실화하고 있다. 당하는 입장에서는 반론이나 반격을 하기 힘들어 더욱 치명적 상처가 된다.

한국언론진흥재단에 따르면, '유튜브 동영상 이용과 허위정보 노출 경험'에서 20세 이상 성인 남녀 중 77.8%가 유튜브 사용자인 것으로 확인됐다. 특히 50대의 72.3%, 60대 이상 연령층의 67.1%가 유튜브를 이용하는 것으로 나타났고, 장년·노년층의 유튜브 이용률은 앞으로 계속 늘어날 전망이다. 그만큼 가짜뉴스는 맹위를 떨치게 되는데 그에 비례해서 피해자의 타격은 회복이 어려워질 수 있다.

05
가짜뉴스의 유형은 어떻게 나눠지는가?

가짜뉴스가 현대 사회를 흔들게 되자 2018년 한 언론사에서 심층 취재에 나서기도 했다. 한겨레신문은 가짜뉴스 관련 보도를 시작하면서 이렇게 주장했다.

"극우와 기독교가 만나는 곳에 '가짜뉴스 공장'이 있었다. 한겨레는 한겨레21과 함께 두 달 남짓 '가짜뉴스'를 생산·유통하는 세력을 추적했다. 가짜뉴스가 유통되는 유튜브 채널 100여 개, 카카오톡 채팅방 50여 개를 전수조사하고 연결망 분석 기법을 통해 생산자와 전달자의 실체를 찾아 나섰다. 가짜뉴스를 연구해 온 전문가 10여 명의 도움을 받으며 가짜뉴스 생산·유통에 직접 참여했던 관계자들을 만났다. 가짜뉴스의 뿌리와 극우 기독교 세력의 현주소를 해부하는 탐사기획은 4회에 걸쳐 이어진다."[4]

한겨레신문은 심층보도 후 가짜뉴스의 유형을 크게 세 가지로
분류했다. △ 상업적 또는 정치적 목적에서 타자를 속이려는 의도
가 담긴 허위정보(목적성) △ 수용자가 허구를 사실로 오인하도록 언
론 보도 양식을 띤 정보(형식성) △ 사실 검증이라는 저널리즘의 기
능이 배제된 가운데 검증된 사실처럼 허위로 포장한 정보(검증성) 등
이다.

이런 분류 기준은 매우 유용하지만 서로 맞물려 있어 혼란의 위
험성이 있다. 가짜뉴스가 대부분 목적성을 갖고 뉴스 형식을 갖추
고 검증을 하기는커녕 조작까지 하기 때문에 분류 기준이 애매해질
수 있다. 어느 기준도 완벽할 수 없지만 여기서는 좀 더 쉽게 목적
과 형식, 내용을 기준으로 정치형, 경제형(클릭유도형), 혐오형, 풍자
형 등 네 가지로 분류했다.

■ 정치형

가짜뉴스 상당수가 정치적 목적을 갖는다. 북으로 보낸 귤상자에
돈을 넣었을 리 없지만, 그러한 가짜뉴스를 제조하는 정치인의 말
을 포장하여 보도하면 문재인 정부의 대북정책에 불만을 갖는 사람
들에게는 또 다른 의심할 만한 '꺼리'를 만들어 주는 것이다.

4 http://www.hani.co.kr/arti/society/society_general/863633.

정적을 코너로 몰고 지지자들을 단합시키는 행태의 가짜뉴스. 그 매력은 정치인들에게 큰 유혹이다. '청와대 직원 500명 탄저균 예방 접종' 같은 가짜뉴스는 그것이 사실이 아니라고 뒤늦게 밝혀져도 문 대통령 지지율에 조금씩 타격을 가하는 정치적 저의가 있는 가짜뉴스인 셈이다. 문 대통령 지지율이 초반 고공행진을 할 때는 이런 정치적 가짜뉴스가 상대적으로 위력을 발휘하지 못한다.

그러나 이런 정치적 가짜뉴스가 임기말에 터진다면 상상 이상의 타격이 될 수도 있다. '최순실 태블릿 PC 조작설'이나 '문재인 대통령 베를린 구상으로 탄핵사유가 발생했다'는 식의 가짜뉴스는 정치적 목적이 가장 두드러진 유형이다.

'세월호 피해자들이 과도한 보상을 받는다'는 식의 가짜뉴스도 정치적 성격이 강하다. 세월호 사건은 박근혜 정부의 아킬레스건이 됐고 이로 인해 사실상 실정이 드러나 탄핵으로까지 이어졌기 때문에 지지자들에게는 세월호 피해자들이 눈엣가시 같은 존재가 됐다. 자식을 잃은 유가족들의 심정에 대한 동정 같은 것은 정치적 신념 속에 묻혀 버렸다.

정치 유형은 포괄적으로 한국인들이 정치를 미워하면서 좋아하는 이중적인 심리를 교묘하게 파고들고 있다. 근거도 박약하고 논리도 없지만 '니편 내편'을 나누고 결속력을 다지는 데 가짜뉴스는 효용성이 높은 편이다. 앞으로도 이런 유형의 가짜뉴스는 더욱 맹위를 떨치게 될 것이다.

■ **경제형**(클릭유도형)

가짜뉴스는 주로 유튜브나 트위터 등 SNS가 활동무대다. 미디어에서 가짜뉴스를 다루는 경우는 정말 가짜인 줄 몰라서 보도하는 경우도 있지만, 때로는 의심하면서도 뉴스로 취급해 주는 것은 바로 시청률이나 클릭 수로 소위 장사가 되는 사안일 때다.

몇 해 전 한 유명 여자 아나운서의 '불화설, 이혼설' 등이 인터넷을 중심으로 퍼져 나간 적이 있다. 밑도끝도 없는 소문을 TV조선 등 일부 미디어에서 보도하기 시작하자 삽시간에 전국으로 확산되어 그 아나운서는 더 이상 참을 수 없게 되었고 급기야 수사 의뢰를 하게 됐다.

범인은 뜻밖에도 세계일보 기자였다. 지라시 수준의 소문을 SNS상에 올린 것이 뉴스로 둔갑, 피해자를 울린 것이다. 그 아나운서가 기자의 처벌을 원치 않는다고 해서 그냥 넘어갔다. 그러나 가짜뉴스 확인을 하지 않고 그냥 보도한 TV조선에 대해서는 그냥 넘어갈 수 없고 사과를 받아야 한다고 주장했다. 본인이 부정하고 부인하는데도 가짜뉴스를 보도한 책임이 크기 때문이다.

세계일보 기자가 무슨 의도로 그런 가짜뉴스를 개인 정보망에 올렸는지는 분명하지 않지만, 사실 관계도 확인하지 않고 방송사에서 보도한 것은 분명히 시청률에 도움을 주고 광고 수입 증대로 이어진다고 판단한 것이다. 방송사에 뉴스로 한 번 나오기가 얼마나 어려운가. 그러나 방송사가 시청률을 확보하고 주목을 받을 수 있다면 어떤 소재도 활용하는 식이다.

다시 강조하지만 공신력을 중시하는 일반 미디어가 이런 유형의 믿거나 말거나 식의 가짜뉴스를 왜 보도하는가에 주목해야 한다. 바로 시청률과 광고 수입으로 직결되기 때문이다. 사실 여부는 나중에 따지게 되고 설혹 사실이 아니더라도 한국에선 '언론의 자유'만 내세우면 처벌도 제대로 받지 않는다는 것을 알기 때문이다.

'인간을 왕따시키고 AI끼리 대화한다?'는 제목의 뉴스는 2017년 10대 가짜뉴스에 포함된 것이다. 인공지능에 대한 관심이 높아지고 미디어가 집중 보도하던 시점, 그럴듯하게 보도한 허위뉴스였지만 역시 사람들의 호기심을 자극, 클릭 수를 높일 수 있었다.

언론사에서 늘 가짜뉴스에 이용당하는 것은 아니다. 거꾸로 가짜뉴스급으로 제목을 선정적으로 달아 클릭 수를 유도하기도 한다. 2018년 12월 문화일보는 홈페이지 '핫포토 동영상' 코너에 '방송인 김미화가 남북철도추진위원장'이란 뉴스를 올렸다. 연합뉴스에서 보도한 것인데, '방송인 김미화는 남북철도추진위원장'이란 직책을 맡은 적도 없고, 아예 그런 직책이 없다는 보도였다.

그런데 보도 내용과는 정반대로 제목을 올렸으니 당사자는 기가 막힐 일이었다. 문재인 정부에 비판적인 문화일보 입장에서 '김미화는 남북철도추진위원장을 맡은 적 없다'는 식의 해명성 뉴스는 실어주기 싫었을지도 모른다. 제목을 거꾸로 달아서 제목만 보는 독자들에게 가짜뉴스를 확산시키고 문 정부 지지도를 끌어내리는 도구로 활용한 셈이다.

또한 다른 언론사와 다른 뉴스 제목을 통해 클릭 수를 유도한 셈이다. 모든 가짜뉴스는 그 현란함과 조작술로 클릭하게 만든다. 가짜의 특징이기도 하다.

■ 혐오형

가짜뉴스를 자세히 보면 특정 대상, 특정 집단에 대한 혐오가 포함되어 있다. 그래서 '편가르기'가 쉽다. 편이 갈라지면 공격 포인트도 정확하게 잡을 수 있다.

언론인은 시청률이나 기사 클릭 수를 높이기 위해 자극적이고 선정적인 가짜뉴스를 인용하거나 지어내고, 경제 행위자는 경쟁자를 제거하고 상품을 더 많이 팔기 위해 가짜뉴스를 날조하는 이면에 상대에 대한 혐오라는 요소를 활용한다.

세월호 유족에 대해 동정보다는 오히려 비난받게 하고, 5·18 희생자들에 대한 예의보다는 거꾸로 북한 특수부대에 동조한 '친북좌빨'을 만들어 사회적 격리, 혐오의 대상으로 만드는 역할을 가짜뉴스가 반복하는 것이다. 이런 가짜를 믿는 사람들에게 아무리 사정을 설명해도 듣지 않는다. 이미 상당 부분 세뇌 수준으로 자기가 믿고 싶은 것만 믿는 소위 '확증편향'[5]이 자리잡고 있기 때문이다.

선정적이고 자극적인 가짜뉴스를 소비하는 사람들에게 사실 여부는 중요하지 않다. 흥미롭고 재미있으면, 그것이 미워하는 정치인이나 셀러브리티를 조롱하고 치부를 폭로하는 것이라면 더 좋아한다. 가짜뉴스는 바로 이런 무비판적 미디어 소비자를 찾아가서 복음처럼 위력을 발휘한다.

인간은 누구나 좋아하고 싫어하는 것이 있다. 가짜뉴스는 바로 이런 심리를 이용하여 조금의 사실, 그럴듯한 사실과 허위를 배합하여 전혀 다른 이야기를 만들어 주로 상대에게 타격을 입히고 우리 편을 더욱 단단히 결속시키는 역할을 한다. 이때 상대에 대한 분노감정, 혐오감정을 불러일으키면 우리 편은 자동으로 결속이 되고 몰표로 이어질 수 있다.

'노무현 전 대통령 거액의 차명계좌'는 결국 찾지도 못했지만, 조현오 전 경찰청장은 '발견했다'는 식으로 허위사실을 퍼뜨렸다. 근거를 밝히겠다고 했지만 법원에서 끝내 밝힐 수 없어 거짓말로 판명났고 최종 실형선고를 받았다.

이 과정에서 조선, 중앙, 동아일보 보도는 가짜뉴스를 확산시키는 일등 공신 역할을 했다. 조현오 피의자의 일방 주장을 대서특필했다. 특히 동아일보는 제목에 '조현오…까겠다'는 식으로 선정적으로 달아 그의 주장을 진실로 둔갑시키는 무리한 지면 제작을 한

5 확증편향이란 심리학에서 자기가 믿고 싶은 것만 골라 믿는 성향을 일컫는 말이다.

것이다. 왜 그렇게 했을까?

바로 '반노무현 정서', '노무현 전 대통령에 대한 혐오감'을 악용, 편가르기를 조중동이 합세한 것이다. 형사사건에서 피의자의 일방적 주장을 편향되게 보도해서는 안 된다는 것을 모르지 않았다. 일방적으로 보도한 수준을 넘어 확대과장했다. 허위로 드러나도 사과나 정정조차 하지 않았다. 혐오감은 미디어의 공정성과 형평성, 진실성도 마비시킬 정도로 위력을 발휘한다.

'최저임금 인상'을 문재인 정부 경제정책 공격 포인트로 삼은 일부 적대적 언론은 '최저임금 올라 9급이 알바생보다 못하다'는 뉴스도 내보냈다. 이런 가짜뉴스의 최종 목표지는 9급과 알바생의 비교에 따른 처우개선이 아니고 청와대를 향했다. 불만세력을 키우고 경제정책에 타격을 줘서 결국 청와대 경제사령탑 교체로 이어지는 징검다리 역할을 하는 것이다.

'내가 보는 뉴스'에 사회적, 계층 간, 민족 간, 세대 간, 종교 간 혐오가 있는지 여부를 확인할 필요가 있다. 그 정도에 따라 차이가 있을 수 있고 의도성 여부에 따라 다를 수 있지만 혐오가 강할 경우, 가짜뉴스로 의심해 볼 필요가 있다. 주변 환경은 '누구나 가짜뉴스의 희생양'으로 삼고자 하기 때문에 미디어 소비자들이 스스로 경계하지 않으면 안 된다.

2016년 미국 대선을 흔든 가짜뉴스 사태의 지리적 진원지가 발견되었다. 황당하게도 마케도니아에 위치한 벨레스라는 소도시였다.

이곳에서부터 친트럼프 성향의 악의적 가짜뉴스가 쏟아졌고, 범인은 대부분 이 도시에 거주하는 10대 후반 청소년이었다. 이들은 미국 극우 성향의 엉터리 뉴스사이트나 SNS의 글을 긁어모아 적절히 짜깁기하고 윤색해 가짜뉴스를 만들었다.

가디언(The Guardian)의 조사에 따르면, 벨레스에선 100개 이상의 가짜뉴스 사이트가 개설, 운영되고 있었다. 작은 소도시 청소년들에게 전 세계가 농락당한 셈이다. 참고로 도널드 트럼프는 벨레스에 아무런 연고가 없다.

벨레스 청소년들이 친트럼프 성향의 뉴스를 생산한 이유는 단순하다. 그들이 도널드 트럼프에 호의적이고, 힐러리 클린턴에 악의적이어서가 아니다. 트럼프의 뉴스가 돈이 되기 때문이다. 그들은 누가 미국 대통령이 되든 상관하지 않았다. 단지 '프란치스코 교황이 트럼프 지지선언을 했다'가 뉴스 콘텐츠 시장에서 장사가 잘됐고, '힐러리 클린턴, IS에 무기 판매'가 돈이 됐다. 시장 논리에 따라 뉴스가 유통되는 과정에서, 교황이 피해자로 이름을 올리게 될 것은 고민하지 않고 돈벌이 수단으로 삼았을 뿐이다.

■ 풍자형

가짜뉴스만 싣는 캐나다의 월드뉴스 데일리 리포트가 세계적인 인기 사이트로 부상했다. 가짜뉴스로 세상을 풍자한다고 공공연히 게시해서 '최악의 뉴스 사이트'라는 비판에도 불구하고 캐나다에서는 표현의 자유 영역에서 인정하고 있다. 가짜뉴스를 다루긴 하지만 풍자라는 요소를 강조하고 있기 때문이다.

예를 들면 이 사이트는 '미국 뉴욕시 차이나타운에서 유명 레스토랑 주인이 현지 경찰과 연방요원에 의해 체포됐다'는 기사를 실었다. 미국 동식물 검역소의 발표를 인용해 체포된 중국 레스토랑 주인이 정기적으로 이웃 주민의 개나 버려진 개를 죽여 요리해 손님들에게 제공해 왔고, 주인은 47가지 죄목으로 최대 95년형에 처해질 수 있다는 것이다.

가짜뉴스를 통해 '보신탕'을 먹는 한국인에게는 민감하게 받아들여질 만하다는 현지 보도가 나왔지만, 어디까지나 가짜뉴스였다.

해외에서는 가짜뉴스를 풍자 형식으로 소비하는 문화가 있지만, 한국의 경우는 꼭 그렇지는 않다. 풍자도 있긴 하지만 국내 가짜뉴스 대부분은 분명한 목적을 가지고 있다. 심지어 해외 풍자형 가짜뉴스를 국내 언론에서 진짜뉴스로 착각해 번역, 뉴스로 서비스했다가 바로 정정하는 해프닝도 있다. 뉴스 제목 아래 풍자라는 글을 제대로 보지 못했거나 제목에 혹해서 이를 아예 무시했거나 결국 정정을 하는 촌극이 벌어질 정도다.

06
가장 악질적인 가짜뉴스는 무엇인가?

허위 강도가 심하고 악질적일수록 가짜뉴스는 잘 팔리는 법이다. 다음 사례는 국내외에 알려진 대표적인 가짜뉴스 리스트 일부다. 어떤 유형이 가장 악질적일까?

참고로 '한국신문'은 우리나라에 없다. 외국 사이트에서 '한국신문'이라고 허위로 만들어 자극적인 가짜뉴스를 한국인들조차도 모르게 만든 리스트다. 어디서 무슨 내용을 만드는지조차 알 수 없지만 지구촌 어딘가에서 이런 가짜뉴스로 장사를 하는 세상이다.

제목만 보더라도 자극적이고 끔찍하다. '한국 인육 가공 판매 공장 적발, 기형아 통조림', '일본 소녀 2명 강간한 한국인 무죄판결' 등.

우리나라만 가짜뉴스로 흔들지는 않는다. 해외에서도 이미 가짜뉴스는 중요한 사회적 이슈가 되었다. 세상을 가짜투성이로 만들어 그 혼란 속에 잇속을 챙기는 전문꾼들이 날뛰는 사이버 공간, 개인 미디어 환경이 된 셈이다.

놀라운 뉴스는 일단 의심해 봐야 한다. 그리고 출처가 어디인지 반드시 확인해야 한다. 소문에, 친구의 전언에 의지하는 편이라면 이미 가짜뉴스 희생자의 한 사람이라고 판단하면 된다. 세상은 앞으로 더욱 철저한 검증과 확인이 필요한 피곤한 세계로 바뀔 것이다. 손안의 간편한 휴대폰에 의존하는 한 가짜뉴스, 허위정보는 개인의 삶과 판단을 혼란스럽게 만들 것이다.

'한국신문'의 가짜뉴스

- 반 트럼프 데모 폭도 시위로 4명 사망, 한국 전역에 반미 퍼져
- 10세 인기 아역 소녀 임신 '이 업계에서는 흔히 있는 일'
- 일본 소녀 2명 강간한 한국인 무죄판결
- 한국 인육 가공 · 판매 공장 적발, 기형아 통조림
- 차기 미 국무장관, "위안부 문제 일본 지지, 한국 무역 중단 실시"

최근 문제가 된 가짜뉴스들

- 프란치스코 교황, 트럼프를 지지하여 전 세계를 놀라게 하다
- 베를린에서 러시아 국적의 미성년자가 난민들에게 성폭행당하고 살해당했다
- 독일 앙겔라 메르켈 총리는 아돌프 히틀러의 딸
- 힐러리 클린턴, IS에 무기를 팔아넘기다
- 오바마가 미국의 모든 학교에서 국민의례를 금지하다

앞에서 예를 든 제목들도 악질적인 가짜뉴스임에 틀림없다. 그러나 이런 가짜뉴스는 보다 쉽게 진위가 판명나고 그 피해는 상대적으로 가볍다.

보다 심각한 악질적인 가짜뉴스 유형은 ① 사실을 부정하고, ② 역사를 날조하고, ③ 국가의 공식 결론을 부정하고, ④ 판결도 부정하며, ⑤ 반복적으로 피해자를 괴롭히며, ⑥ 장기간 사회 분열과 지역 갈등을 초래하며, ⑦ 여론 조작으로 정치적 이익을 취하는 유형이다. 이런 조건을 충족시키는 가짜뉴스에 어떤 것이 있을까?

2019년 2월 자유한국당 전당대회를 앞두고 국회에서 지만원 씨가 주장한 '광주 5·18 북한군 특수부대 침투' 관련 가짜뉴스다.

이런 가짜뉴스형 주장은 길거리에서 극우세력들끼리 모여 나온 것이 아니다. 헌법기관이라는 국회 한복판에서 자유한국당 김진태, 이종명, 김순례 국회의원이 지만원 씨를 발제자로 초청하고 이종명, 김순례 의원은 직접 지원 발언까지 했다.

지만원 씨는 근거도 없이 "5·18 당시 북한군 600명이 광주에 침투해 폭동을 일으켰다"고 거듭 주장했다. 이종명 의원도 "5·18 사태가 발생하고 나서 5·18 폭동이라고 했는데 20년 후 민주화운동으로 변질됐다"고 지지 발언을 했고, 김순례 의원은 5·18 유공자를 향해 '세금 먹는 괴물집단'이라는 혐오 발언을 쏟아냈다.

선거 때만 되면 자유한국당은 '빨갱이 장사'를 시도한다. 지만원 씨를 표심 자극용 도구로 활용하는 것이다. 이 땅에서 '빨갱이',

'친북좌파', '용공'이라는 단어는 정적을 한방에 보내 버리는 무시무시한 언어 테러다. 모든 사실 관계를 무시하고 역사를 날조하는 여론 선동형 주장이 40여 년 반복되고 있다. 국민을 지역적으로 가르고, 내 편으로 만드는 데 가장 손쉬운 방법이 바로 '빨갱이' 한마디다. 묻지도 따지지도 않는 방법이 수십 년째 반복되고 있다.

앞의 7가지 유형을 모두 충족시키는 악질적인 가짜뉴스는 드물지만 한 가지 더 있다. 2차 세계대전 당시 일본군 위안부로 끌려가 모진 삶을 살아온 희생자들에 대해 '일본 정부는 책임이 없다', '위안부는 자발적 선택이었다' 등의 가짜뉴스다. 일본 내 양심세력이나 학계는 일본 정부의 책임을 인정하며 피해 배상 책임이 있다고 말한다. 그러나 일본 정부는 거짓말과 가짜뉴스로 일관하며 공개적으로 가짜뉴스급 주장을 쏟아내고 있다.

피해 할머니들이 주장하는 것은 일본 국회 차원의 공식 사죄와 법적 배상, 전쟁 범죄 인정과 역사 교과서 기술이다. 이들의 희생과 하소연은 한국 역사를 되돌아보게 하는 것이다.

박근혜-아베 간 2015년 12·28 위안부 합의는 역사적으로 수치스런 수준이었고, 역설적으로 국민에게 위안부 문제를 환기시키는 계기가 됐다. 부끄럽지만 외면할 수 없는 역사의 일부분이다. 박근혜 전 대통령은 양승태 전 대법원장을 통해 위안부 관련 판결을 지연시켜 논란 자체를 무력화시키려고 했다. 사법농단의 실체는 아직도 진상규명 과정에 있지만 헌정 사상 최초로 구속된 양 전 대법원장의 사법농단이 권력 간의 은밀한 거래로 이뤄졌음을 알 수 있다.

일본의 역사 왜곡과 위안부 문제 부정은 장기간 지속되어 온 난제다. 피해자가 엄연히 존재하고 그 물증과 관련 증언들이 생생한데 이를 부정하는 주장이나 뉴스는 허위, 날조의 영역에서 논해야 한다.

유대인들은 2차 세계대전 당시 나치 독일에 의해 6백만 명이 학살되는 모진 시련을 겪었다. 독일은 전후 총리가 직접 무릎을 꿇고 철저하게 사죄했다. 관련법까지 제정하여 유대인을 근거 없이 비난하거나 차별 발언을 하지 못하도록 했다.

이스라엘 수도 예루살렘 '통곡의 벽' 성지에 '용서하더라도 잊지는 말자(Forgive, Never forget)'는 명구가 방문객의 눈길을 사로잡는다. 용서를 구하지 않는 가해자를 용서할 수는 없다. 과거의 잘못을 정당화시키기 위한 허위정보, 가짜뉴스를 일본이 만들어 내는 것도 받아들이기 어려운데, 국내에서 버젓이 이런 류의 가짜뉴스가 유통된다는 것은 더욱 곤란하다.

프랑스나 이스라엘 등은 '반민족처벌법'을 만들어 민족을 배신하고 위기에 빠트리는 행위에 대해서는 공소시효 자체를 없애 버렸다. 따라서 위안부 관련 가짜뉴스는 국내에서부터 먼저 엄중하게 다스려야 한다.

07
팩트체크로 가짜뉴스를 잡을 수 있을까?

　결론적으로 팩트체크로 가짜뉴스를 잡을 수 없다. 이는 마치 '경찰이 있으면 도둑을 모두 잡을 수 있는가?'라는 문답과 비슷하다. 가짜뉴스의 특징과 이를 선호하는 인간의 특성이 맞물려 해결하기 어려운 난제로 등장했지만, 앞으로 더 큰 문제가 될 가능성이 있다. 물론 가짜뉴스 감별 프로그램을 개발하고 AI를 활용한 각종 팩트체크 프로그램을 발전시켜 이를 근절시키겠다는 주장도 있지만, 쉽지 않은 일이다.

　팩트체크로 가짜뉴스를 잡을 수 없는 이유를 ① 수적 우위, ② 인간의 확증편향성, ③ 확인의 속도, ④ 기술력 등의 관점에서 살펴보겠다.

■ 수적 우위

명백한 가짜뉴스는 누구나 쉽게 알아차릴 수 있다. 그러나 적당한 사실과 허위가 조합된 진짜 같은 가짜뉴스는 구분이 어려운 만큼 그 숫자도 늘어나고 있는 추세다. 2017년 영국에서 올해의 단어로 '가짜뉴스'가 선정된 이후 그 위력은 더욱 맹위를 떨치고 있고, 나라마다 이를 어떻게 통제할 수 있을지 고민거리가 될 정도다.

미국 대선기간 중 공유된 가짜뉴스는 870만 건이었다. 이는 주요 언론사 뉴스의 페이스북 공유 수인 730만 건을 앞선 수치로, 가짜뉴스의 클릭 수가 훨씬 많다는 것을 보여 준다.

언론사 내외의 팩트체크팀이 있지만 하나하나 모두 확인하기에는 그 수가 너무 많고 그만한 가치가 있느냐에 직면한다. 또한 검증 확인하는 데는 돈이 필요하고 인력이 필요하다. 중대하거나 사회적 논란이 예상될 만한 '가짜뉴스 확인'에만 선별적으로 집중하게 되는 만큼 다수의 가짜뉴스는 방치될 수밖에 없는 상황이 벌어진다.

그래서 미디어 리터러시, 미디어 비평 교육의 중요성, 미디어 소비자 교육 등이 강조되는 것이다. 여기에 미디어 오보까지 겹쳐져 가짜뉴스의 세계를 더욱 확장시켜 주는 구조다.

특히 미디어는 과도한 경쟁체제 속에서 스스로 정확성보다 속보성, 진실성보다 선정성의 유혹이나 위험에 빠져들고 있어 가짜뉴스의 생명력은 그 수적 증가세와 비례하게 될 것이다.

■ 인간의 확증편향성

'아는 만큼 보인다'는 말이 있듯이 인간은 누구나 자신의 의식 수준을 능가할 수 없다. 자신이 선호하는 것을 믿는 경향, 자신이 반대하는 것은 믿지 않으려는 행태는 쉽게 바꿀 수 없다. 사실이냐 아니냐, 진실이냐 아니냐의 문제라기보다는 내 편, 네 편 등으로 나눠 부분적인 사실을 각자가 전체로 확대해석하는 경향이 있다. 여기다 자신의 선입관과 편견 등이 강하게 작용하여 호불호에 따라 뉴스를 소비하게 된다.

더구나 지금은 수많은 신문과 방송에서 너무 많은 평론가들이 각자 자기 이야기를 늘어놓고 있어 혼란과 갈등을 부추기는 경향마저 있다. 미디어 소비자들은 상대방 입장을 들을 수 있는 기회가 되지만 거꾸로 자신의 근거 없는 소문을 더욱 믿게 되는 계기가 된다.

인간은 완전하지 않다고 말하면서도 자신의 의견은 확고하다고 주장한다. 출처나 근거를 밝히지 못하면서도 '어디서 들은 것 같다'는 식으로 자신의 맹신을 바꾸려 하지 않는다. 가짜뉴스는 바로 이런 미디어 소비자들의 확증편향성에 기름을 붓고 불을 지르는 식이다. 가짜뉴스는 한쪽에 경도된 미디어 소비자들의 기대나 욕구를 자극하면서 그 생명력을 키워 나간다.

■ 확인의 속도

가짜뉴스 만들기는 쉽다. 기존의 뉴스를 조금만 비틀거나 살짝 메시지만 조작해도 목적을 달성하기 쉽다. 쉬운 데 비해 효과는 강렬하다. 시간도 제약도 없고 SNS라는 편리한 플랫폼은 멋진 놀이마당이 되어 준다.

또한 이에 동조하는 네티즌들이 쉼 없이 퍼나르기를 하고 심지어 조직적으로 확산시켜 주기까지 하는 만큼 일단 그럴듯하게 만들기만 하면 된다. 제작이 쉽고 유통이 간편한 가짜뉴스는 그래서 경쟁력이 있다.

이에 반해 진짜뉴스는 이를 검증하고 확인하는 데는 시간과 기술, 때로는 전문적 지식도 필요하다. 뉴스의 속성이 한번 보고 그대로 믿어 버리기 때문에 나중에 오보나 가짜뉴스로 밝혀져도 그때는 이미 다른 이야기가 되어 관심권에서 벗어나 버린다.

'뒤늦은 정의는 정의가 아니다' 라고 하듯 '뉴스도 뒤늦은 뉴스는 뉴스가 아니다.' 그것이 비록 정정된 진짜뉴스라 하더라도 미디어 소비자들은 그런 인내심과 그런 기억력을 갖고 있지 않다. 가짜에 넘어가고 진짜를 무시하는 뉴스 소비 행태는 통탄할 일이지만 그것이 점점 현실이 되어 가고 있다.

기술력의 발전은 뉴스 생산, 소비를 간편하고 신속하게 손안에서 모두 이루어지는 수준으로 발전했다. 역설적으로 가짜뉴스도 이런 기술력의 이점을 십분 발휘해서 진짜의 편의성과 속보성을 그대로 활용할 수 있다.

여기다 가짜뉴스는 진위 여부 확인, 검증 시간을 생략할 수 있어 더 간편하게 만들 수 있다. SNS라는 간편하면서 추적이 어려운 플랫폼을 이용하면 가짜뉴스 천국은 기술력 덕을 톡톡히 보는 셈이다.

앞으로 이런 기술력은 이미지 조합, 합성으로 간단하게 발언, 사진 등을 활용하여 무에서 유를 창조하는 단계로 진화했거나 더 진화할 것이다. 미국 대통령이 하지도 않은 말을 마치 한 것처럼 동영상으로 보여 주는 그런 황당한 사태가 손안의 스마트폰에서 일어나는 일이 일상이 될 수 있다.

표현의 자유라는 법적가치를 등에 업고 가짜뉴스를 더욱 진짜처럼 보이도록 기술력은 의도와 무관하게 기여하게 될 것이다. 팩트 체크 기술이 발전하는 이상으로 가짜뉴스는 또 다른 모습으로 진화하게 될 것이다.

08
가짜뉴스가 확산되는 공식은 무엇인가?

헛소문이 가짜뉴스로 둔갑하여 일반인들에게 정보로 탈바꿈, 소비되는 데는 주로 5단계를 거치게 된다.

■ 1단계 = 소문단계

밑도 끝도 없는 소문이 나돌기 시작한다. 흥미 요소와 충격 요소를 갖춘 그럴듯한 소문이 누군가에 의해 만들어진다.

■ 2단계 = 소문작성단계

소위 지라시는 소문을 보다 그럴듯하게 활자화하는 단계다. 여기서 작성자는 일부 사실을 과장하거나 정교한 가공을 거치며 더욱 그 럴듯한 뉴스로 위장한다. 뉴스 형식만 갖췄을 뿐 뉴스와 상관없는 허위날조 소문이라는 것을 작성자는 안다. 가짜뉴스 제작 과정은 여 기서 완성되는데, 이 작업은 아무나 할 수 있는 일이 아니다. 전·현직 기자나 작가, 나름 글솜씨가 있다는 사람들이 대부분이다.

■ 3단계 = 유통단계

과거와 달리 유통단계가 매우 발달했다. 유튜브나 트위터, 카카오톡 등을 활용하여 보다 쉽고 빠르게 전달할 수 있다.

이때도 일단 친분 관계가 있는 개인 SNS를 통해 전달한다. 은밀히 입수한 비밀 뉴스라고 속삭이면 더욱 빠르게 확산된다. 개인 SNS는 또 다른 개인 SNS를 통해 유통된다.

개인 SNS가 단톡방 등 집단 SNS와 연결되면 이제부터는 광속으로 전파되기 시작하며 국경도 언어 장벽도 문제가 되지 않는다. 제조도 쉽고 유통도 쉬운 세상은 가짜뉴스가 놀기 좋은 환경을 제공하는 셈이다. 이것으로 끝이 아니다. 더 강력하고 간편한 유통 구조가 한 번 더 도와준다.

■ 4단계 = 인터넷 언론/블로그

셀 수 없는 1인 미디어 시대, 인터넷 언론과 파워 블로거들은 흥밋거리를 퍼다가 장사를 한다. 때로는 여기서 재가공 과정을 거치기도 하지만 단순히 퍼나르기만으로도 이익을 볼 수 있다.

과거에는 이런 간편한 유통 기술과 수단이 없었기 때문에 신문이나 방송에 전적으로 의존했다. 미디어 환경 변화가 우리 생활을 어떻게 바꾸고 있는지, 내 손안의 간편한 휴대폰이 어떻게 흉기로 변할 수 있는지 경각심을 가져야 할 때다.

이 정도 단계에 이르렀을 경우 대다수 네티즌들은 이미 가짜뉴스를 봤을 것이다. 제목이 자극적이라 클릭하지 않을 수 없었을 것이고 '이럴 수가!' '그럴 리가!' 등의 반응으로 믿거나 의구심을 가졌을 수도 있다.

■ 5단계 = 미디어 보도

네티즌들 사이에 화제가 되고 유통이 많아질수록 내용의 진위를 떠나 미디어는 관심을 갖게 된다. 기존 신문과 방송 등 미디어에서 이를 보도하게 되면 가짜뉴스는 비로소 활짝 꽃을 피우며 승리의 미소를 보내게 된다. 이것이 마지막 단계다.

바쁜 현대인들이 인터넷상에서 뉴스를 소비하는 데 그칠 경우,

여기까지 오지도 않는다. 그러나 의심스러운 경우, 다른 언론에서 어떻게 보도하는지 비교, 확인하기 위해 검색하는 미디어 소비자들도 있다.

여기서도 기성 미디어는 주로 세 분류로 나눈다. 가짜뉴스이기 때문에 취재, 확인 후 아예 뉴스로 다루지 않는 정상적인 언론이다. 두 번째 부류는 팩트체크를 통해 사실이 아님을 확인해 주는 보다 친절한 언론이다.

세 번째 부류가 문제다. 가짜뉴스에 편승해서 시청률을 올리거나 정치적 이익을 위해 그대로 보도하는 삼류 신문이나 방송이다. 심지어 '⋯논란', '소문의 진위는?', '궁금증을 해결해 드립니다' 등으로 유인, 헛소문을 더 키우는 식이다.

2019년 2월 '유명 나영석 PD와 배우 정유미 씨가 불륜 사이'라는 가짜뉴스에 대한 수사 결과가 발표됐다. 이 과정에서 수사기관이 가짜뉴스가 어떻게 전파되었는지 자세히 설명했는데, 앞서 설명한 5단계 일반 공식을 거의 그대로 적용할 수 있었다.

두 사람의 불륜 관련 가짜뉴스를 위 공식에 따라 정리해 보겠다. 수사기관의 발표와 언론보도를 중심으로 재구성한 것이다.

1단계 = 소문단계

방송작가 이모 씨는 2018년 10월 다른 방송작가들한테서 이런 얘기를 들었다. 'CJ E&M 나영석 PD와 배우 정유미가 불륜 사이'라는 것. 근거 없는 내용이었다.

2단계 = 소문작성단계

재미있다고 생각한 이모 씨는 이 소문이 확인된 내용인 것처럼 정리한 '지라시(사설 정보지)'를 만들었다.(방송작가가 소문을 작성하는 것은 쉬운 일이고 도덕적 책임조차 느끼지 않았을 것이다.)

3단계 = 유통단계

새벽 시간대에 카카오톡으로 동료 작가들에게 보냈다. 지라시는 지인에 지인을 거치면서 빠르게 퍼져 나갔다. 출판사에 근무하는 프리랜서 작가 정모 씨(여)는 이모 씨가 지라시를 처음 보낸 다음 날인 10월 15일 새벽, 동료 작가로부터 나 PD와 정유미의 불륜에 관한 소문을 전해 들었다. 정모 씨는 같은 날 오전 11시경 지인과 카카오톡 대화를 나누다 '불륜설'을 전달했다. 이 소문은 다시 다른 제3자들 간의 카카오톡 대화를 통해 정보기술(IT) 업계에 근무하는 이모 씨(여)에게도 들어갔다. 정모 씨와 일면식도 없는 이모 씨에게 소문이 전달되기까지 걸린 시간은 1시간. 이씨는 '지라시' 형태로 소문을 재가공해 주변 지인들에게 전송하기 시작했다.

4단계 = 인터넷 언론/블로그

이미 70여 개의 카톡방을 거친 이 지라시는 이모 씨가 처음 발송

한 지 4일째 되던 날 기자들을 포함해 수백 명이 모인 카톡방에 도착했다. 이후 전국으로 무차별적 확산이 시작됐다.

5단계 = 미디어 보도

네티즌들 사이에서 관련 뉴스가 파다하게 퍼졌을 정도면 당사자들의 피해와 고통은 상상초월이다. 미디어 보도 단계까지 오기 전에 이미 기정사실화되었기 때문이다. 물론 미디어에서 팩트체크를 해 주거나 부정하는 보도를 해 준다면 그나마 위로가 될 수 있지만 실제로 그런 미디어가 있는지는 확인되지 않았다.

오히려 일부 미디어에서 소문의 진위 등 가짜뉴스에 대한 확인 없이 보도하는 형식을 취하기 때문에 피해자의 고통을 가중시키는 경우가 대부분이다.

나 PD와 정유미가 불륜 사이라는 가짜뉴스가 카카오톡으로 빠르게 퍼지자 소문 당사자인 두 사람은 최초 유포자 등을 허위사실 유포에 의한 명예훼손 혐의로 경찰에 고소했다. 수사에 나선 경찰은 카카오톡 전송 과정을 역추적해 최초 유포자 등을 찾아냈다.

서울지방경찰청 사이버수사대는 '정보통신망 이용촉진 및 정보보호 등에 관한 법률' 상 명예훼손 혐의로 불륜설을 최초 작성한 방송작가 이모 씨와 프리랜서 작가 정모 씨 등 3명과 불륜설을 인터넷 블로그나 카페에 게시한 간호사 안모 씨(여) 등 6명을 입건했다고 밝혔고, 이들에 대한 처벌의지가 분명해서 법적처벌은 불가피하다.

가짜뉴스가 확산되는 공식은 이처럼 분명하다. SNS상에서 무수한 가짜뉴스는 네티즌들의 반발이나 호응 등의 과정을 거치면서 사그라들거나 진화하는 행태를 보인다. 이런 정도가 우리 사회에 큰 충격을 주지는 않는다. 가짜뉴스가 뉴스라는 외피를 걸치고 나오는 이유는 미디어에서 진짜뉴스처럼 다뤄 주기를 기대하기 때문이다.

미디어 소비자들이 선전이나 광고, 홍보에 대해서는 일정한 균형감을 유지하는 것과 달리 뉴스에 대해서는 전적으로 믿는 경향을 악용하는 것이다. 가짜뉴스를 뉴스로 포장할 뿐, 뉴스와 전혀 관계없지만 그 껍데기 때문에 뉴스로 오인하는 것이다.

여기에다 가짜뉴스를 공신력 있는 미디어가 뉴스급으로 격상해 주면 날개를 다는 격이다. 그래서 가짜뉴스는 기존 미디어와 결합하는 공식을 갖는다. 이때 성공한 가짜뉴스는 진짜로 둔갑, 미디어 소비자들에게 진짜로 인식된다.

그래서 가짜뉴스는 제조 때 미리 특정 미디어가 선호하는 뉴스밸류를 활용하거나 그런 소재를 골라서 포장하게 된다. '청와대 직원 500명 탄저균 예방 접종' 같은 제목의 뉴스는 문재인 정부에 비판적인 보수 언론에는 꿀맛 같은 호재다.

사실관계보다 더 중요한 것이 보도할 만한 근거나 논란성 발언 등이 있으면 아예 안심하고 확대 보도한다. 뒤늦게 사실이 아니고 와전되었거나 과장되었다 해도 이미 목적을 달성한 셈이다. 가짜뉴스로 정적에게 타격을 가하고 우리 편을 결집시킬 수 있다면 이것 또한 남는 장사로 판단할 수 있다. 진실은 항상 뒤에 늦게 나오는 법. 가짜뉴스의 치고빠지기 식의 수법은 미디어가 때로는 알면서 때로는 확인이 어렵다는 이유로 일단 보도하는 식이다.

사회적 논란이 된 주요한 가짜뉴스치고 공신력 있는 미디어가 보도하지 않은 것이 없을 정도다. 그런 정도의 분별이나 균형성이 없어서 가짜뉴스를 보도했다기보다는 정치적 목적이나 고의성이 있었기 때문으로 보는 것이 보다 타당하다.

예를 들면, 채널A나 TV조선 등 보수 언론에서 '5·18광주민주화운동'은 북한특수군 소행이라며 탈북자를 방송에 출연시키고 사회자가 균형성을 잃고 한쪽으로 몰아붙이는 식은 고의성 혹은 정치적 목적 외에 무엇으로 설명할 수 있을까. 뒤늦게 사과하고 정정하는 것은 무책임한 방송 제작 행태다.

역설적으로 미디어가 가짜뉴스 보도에 신중하고 보다 책임감 있게 대처한다면 가짜뉴스가 이렇게까지 한국 사회를 뒤흔들 정도가 되었을까. 가짜뉴스는 기존의 미디어를 이용한다는 간단한 공식은 앞으로도 계속될 것이다. 특히 가짜뉴스는 문재인 정부에 적대적인 보수 언론을 중심으로 끊임없이 등장하여 민심 이반을 노리게 될 것이다. 권력이 바뀔 때까지 미디어는 가짜뉴스에 놀이터를 제공하는 행태가 될 것이다.

09
가짜뉴스에 속지 않는 비결은 무엇인가?

진짜뉴스와 구별하기 어려운 가짜뉴스를 처음부터 구분해 낼 능력이 있는 사람이 과연 몇이나 될까?

미국 대통령선거 과정에서 가짜뉴스 유통으로 몸살을 앓기 전부터 '팩트체크'의 필요성에 주목해 온 미국의 FACTCHECK. ORG에서는 7개 기준을 제시했다. 미 펜실베이니아대 안넨버그 커뮤니케이션 스쿨이 만든 이 사이트는 다음과 같은 기준으로 정보의 사실성을 확인해 볼 것을 권한다.

1. 뉴스 출처를 파악하라.
2. 글을 끝까지 읽어라.
3. 작성자를 확인하라.

4. 근거자료를 확인하라.

5. 작성 날짜를 확인하라.

6. 자신의 생각이 한쪽으로 치우친 것은 아닌가 생각해 보라.

7. 전문가에게 물어보라.

모두 옳은 지적이다. 그러나 뉴스를 누가 이렇게 철저하게 검증하고 전문가에게 물어보면서까지 소비할까? 뉴스를 끝까지 읽지도 않고 근거를 정확히 따지지도 않는 것이 문제이긴 하지만, 그렇다고 뉴스 소비 행태를 바꾸지는 않을 것이다. 그러나 작성자 확인과 근거자료(출처) 확인은 기억해 둘 만하다.

가짜뉴스의 특징이 작성자가 모호한 경우가 많고 근거자료가 애매한 경우가 대다수다. 물론 허위자료나 거짓 증언을 과감하게 내세우기도 하지만 그런 것은 바로 들통난다. 가짜뉴스에 눈이 가서 잠깐 속기도 하지만 주의를 기울이면 예방도 가능하다.

미디어 소비자들은 좀 더 범위를 좁혀 세 가지, 즉 미디어/SNS, 자극적인 제목, 출처 등을 조심하면 그나마 덜 당하게 될 것이다.

■ 미디어/SNS

미디어와 SNS를 구분해야 한다. 미디어에 올라온 뉴스와 자신의 SNS에 친절하게 전달되는 것을 같은 뉴스로 받아들이면 안 된다. 이 정도는 안다고 하겠지만, 막상 뉴스 소비자들은 구체적인 미디어 이름도 모를 뿐만 아니라 SNS 구분도 안 하는 경우가 종종 있다.

유튜브나 페이스북 등에서 인용하여 뉴스 형식을 갖췄더라도 기존 미디어와 동급으로 두고 봐서는 안 된다. 가짜뉴스의 주무대는 바로 통제와 검증이 어려운 SNS다.

또한 인터넷에 떠도는 이야기를 바로 믿어서도 안 된다. 네티즌들이 단편적인 사진이나 동영상을 올리더라도 전후 사정을 안 후에 흥분해도 늦지 않다.

■ 자극적인 제목

제목만 보고 내용을 속단하는 것은 위험한 일이다. 진짜와 가짜 중 더 눈길을 끄는 제목은 단연 가짜다. 놀라운 제목은 이미 반쯤 의심해 봐야 하지만 내 취향에 맞을수록 사람들은 '그럴 줄 알았다'는 식으로 자기 확신용으로 해석한다.

진위 여부보다 전체 내용의 신빙성보다 제목 하나만으로도 이미 결론은 나 있는 셈이다. 신문을 보지 않는 세대, 뉴스 제목만 골라서 편식하는 세대에게 제목이 차지하는 비중에 비해 신뢰도는 낮은 편이니 현명한 소비자가 되기 위해선 조심하는 수밖에 없다.

진실은 화려하지 않고 가짜는 화려하다. 진실은 요란스럽지 않고 가짜는 과장돼 있다. 뉴스 내용과 제목이 다르거나 심지어 반대인 경우도 있으니 제목에 홀리게 되면 판단을 그르칠 수밖에 없다.

■ 출처

출처는 가장 확실하게 가장 명료하게 가짜와 진짜를 구분하는 기준이 된다. 가짜도 출처를 명쾌하게 밝히기도 한다. 대개 해외의 권위 있는 기관이나 유명 인사 등을 출처로 내세우지만 확인이 어렵거나 허위인 경우가 대부분이다.

여기서 출처는 크게 ① 누가 작성했는가, ② 뉴스에 인용한 취재원은 누구인가, ③ 어떤 미디어에 소개되었는가, ④ 투 소스 룰(Two sources rule) 등이다.

① 누가 작성했는가

뉴스 실명제로 누가 작성했는지 기자 이름을 밝히고 있다. 작성자 없이 떠도는 뉴스는 가짜뉴스로 이해하면 된다. ○○박사, ○○연구원, ○○기자 등 실명이 등장하지만 실제인물이 아닐 수도 있으므로 확인이 필요하다.

② 뉴스에 인용한 취재원은 누구인가

공신력 있는 언론사의 실명 기자가 작성한 뉴스라 하더라도 그 뉴스 내용의 주요 콘텐츠가 익명 취재원에 근거하고 있는지 실명 취재원을 인용했는지 확인해야 한다.

익명 취재원은 의심해야 하고 실명 취재원은 그 권위와 직책이 합당한지 확인해야 한다. 개인이 아닌 기관의 대변인이나 경찰, 검찰을 인용할 경우 공식 발표인지 알 수 없는 취재원을 내세운 기자 추측인지 확인해야 할 부분이다.

③ 어떤 미디어에 소개되었는가

인터넷에 떠도는 소문은 수도 없이 많고 네티즌들의 주장과 반박도 다양할 수 있기 때문에 그것은 그것대로 이해하고 소화하면 된다. 문제는 뉴스 전문 미디어가 다루는 가짜뉴스다.

뉴스 전문 미디어가 가짜뉴스를 다뤄서는 안 되지만 유독 가짜뉴스를 선별적으로 자주 다루는 종합편성채널, 신문사 등이 있다. 정치적 편향성이 강한 우리나라 신문사는 정치적 사안에 관한 한 종종 가짜뉴스도 유불리를 따져 교묘하게 게재하는 식이기 때문에 미리 학습할 필요가 있다.

이런 정도만 체크해도 가짜뉴스의 상당부분은 가려낼 수 있다. 물론 사안에 따라 이런 정도로 확인이 어려운 경우가 종종 있다. 예를 들면 과거 황우석 박사와 노성일 이사장이 '줄기세포 있다 없다'를 두고 동시에 기자회견을 하며 거짓말 공방을 주고받았을 때의 일이다.

당시 언론은 '진실게임이 시작됐다'는 식으로 진위 공방을 벌였을 때 나는 "진실게임은 끝났다. 황 박사가 거짓말을 하고 있다"는 다소 파격적인 칼럼을 내세웠을 때 '투 소스 룰(Two sources rule)' 기법을 활용했다. 일부에서 "과학자도 아닌 신문방송학자가 무슨 근거로 황 박사를 거짓말쟁이로 속단하느냐?"는 항의도 있었지만 결과는 이미 입증됐다.

④ 투 소스 룰

영국 BBC 등 일부 언론에서 사실관계를 보다 정확하게 확인하는 차원에서 사용하는 방식이다. 논란이 예상되거나 분명하지 않을 경우, 자사 기자가 단독으로 보도한 내용을 바로 보도하지 않고 타사나 자유기고가 등이 일치한 내용을 전해 올 때 보도한다는 원칙을 말한다. 일부에서는 '특종을 포기하라'는 것이냐고 반발하지만 정확도를 높이기 위해 일종의 크로스 체크를 하는 셈이다.

'투 소스 룰'의 연장선상에서 특정 주장을 택하기 위해선 전문가 세 사람의 일치된 주장이 있는지 여부를 따져본다. 예를 들면 당시 '줄기세포가 있다'고 주장한 사람은 황 박사 한 사람뿐이었다. '줄기세포가 없다'고 주장한 사람은 노 이사장 외에 2명 이상 전문가의 주장이 일치하고 있다는 점을 중시했다. 이런 정도로 검증할 만한 가짜뉴스는 흔치 않다. 대신 조직적인 거짓말, 허위를 주장해 미디어를 혼란에 빠트릴 때 보도준칙으로 삼는 기준인 셈이다.

10
미디어 리터러시(Literacy)는 무엇이며, 가짜뉴스를 구분하는 데 도움이 될까?

　새로운 커뮤니케이션 테크놀로지는 확장된 관계 네트워크의 강화로 개인과 사회, 각종 단체 등과 더욱 쉽고 편리하게 연결시켜 주고 있다.

　TGIF(트위터, 구글, 아이폰, 페이스북)로 대변되는 스마트 미디어 환경은 사회 구성원들이 접촉하고 상호작용하며 정보를 획득하는 방식을 변화시키고 있다. 디지털 뉴미디어의 발전이 야기한 초(超)연결 사회 진입은 사회 구성원들을 네트워크로 연결된 보다 친밀한 공동체로 이끌고 있다.

　그러나 급격하게 변화된 미디어 환경에 적응하지 못한 구성원들은 네트워크로 연결된 공동체에서 소외되기도 한다. 여기에는 새로운 미디어에 대한 이해와 지식, 정보, 작동원리 등에 대한 전반적인 지식 부족에도 원인이 있다. 미디어 리터러시는 일찍부터 나온 용어지만 최근 보다 자주 등장하는 신개념 용어처럼 소개되는 것은 그만큼 미디어 환경 변화 때문이다.

디지털 기술 발전이 가져온 뉴미디어의 등장은 정보를 수집, 활용, 변형, 생산해 내는 이용자의 능력과 이를 소화하고 이해하는 미디어 소비자의 분석력과 해독 기술을 동시에 요구하고 있다. 이에 대해 언론학자들은 아래와 같이 정의하고 있다.

"…상호작용성, 네트워크화, 정보의 통합화로 대변되는 디지털 미디어의 확산은 네트워크 및 컴퓨터에 대한 접근 능력, 콘텐츠 활용 능력, 지식 정보의 공유 능력, 그리고 정보에 대한 선택 능력이 강조되는 디지털 리터러시라는 개념을 출현시켰다. 디지털 미디어 이용자들은 각각의 정보 형태를 이해하고 활용한 통합적인 리터러시 능력을 갖추고 있어야 한다는 것을 의미한다(박은희, 2006 ; 안정임, 2002, 2006)."

'리터러시(literacy)' 란 일반적으로 텍스트, 즉 문자를 쓰고 읽는 능력을 의미하는데, 커뮤니케이션 기술 발달이 가져온 언어 형태에 따라 개념이 확장되어 왔다. 즉 문자 매체 시대에는 문자 언어를 분석하기 위한 능력이, 영상 매체 시대에는 영상 언어를 분석하기 위한 미디어 리터러시 능력이 있어야 한다.

미디어는 단순히 문자나 영상, 정보 등을 이해하는 정도로는 부족하다. 디지털 기술을 바탕으로 각종 정보는 사실과 허위, 이미지 등이 교묘하게 조합, 과장 혹은 위장되기도 하므로 이를 구분해 낼 능력과 교육 수준이 필요하다. 이런 능력을 갖췄더라도 미디어가 전하는 사실과 의견, 진짜와 가짜, 진실과 허위 등을 가리는 최종 심판자는 미디어 소비자이기 때문에 각자 안목을 기르는 것이 더욱 중요해졌다.

여기서는 미디어를 바로 이해하고 비판적 사고를 기르기 위해서 폭넓게 미디어의 이해 단계로 미디어 리터러시를 정의한다. 미디어 비평은 여기에 포함된다. 미디어 비평은 미디어에 대한 이해를 전제로 미디어의 제작과 보도관행, 저널리즘 등을 보다 핵심적으로 살펴, 궁극적으로 가짜뉴스를 가려내고 미디어 리터러시 능력을 끌어올릴 수 있는 핵심 분야라고 믿기 때문이다.

11

가짜뉴스와 오보, 지라시 중
가장 나쁜 것은 무엇인가?

일반 시민들이 소비하는 뉴스에는 구분하기 힘든 가짜뉴스, 오보, 지라시 등이 혼재되어 있다. 신문이나 방송보다 휴대폰으로 포털이나 SNS 등을 통해 거의 대부분 뉴스를 검색하고 실시간으로 소비하기 때문에 뉴스 내용이나 출처, 신뢰도를 체크하기가 쉽지 않다. 미디어 환경이 그만큼 악화됐고 앞으로도 나아지지 않을 것이기 때문이다.

이제부터 미디어 소비자들은 올바른 정보와 뉴스를 스스로 가려내야 할 책임이 커졌다. 편리한 휴대폰이 진짜와 가짜, 불량 뉴스를 무차별로 전하더라도 스스로 믿을 만한 뉴스, 믿기 어려운 뉴스, 무시해야 할 뉴스 등 자기 분류를 할 수 있어야 할 시대가 되었다. 그 구분법은 이 책 다른 장에서 자세히 정리할 것이다.

일반인들이 생각할 때 가짜뉴스와 오보, 지라시 중에서 가장 나쁘다고 생각하는 것은 '오보'라는 조사 결과가 나왔다.(94쪽 참고) 그 이유는 "언론 오보가 의심하지 않을 가능성 크기 때문"이라고 한다.

그런데 오보가 가장 유해하다고 답변한 비율(24%)과 가짜뉴스라고 답변한 비율(23.3%)이 사실 큰 차이가 없어 보인다. 그만큼 오보와 가짜뉴스를 일반인들은 잘 구분하지 못한다는 의미이기도 하다. 가짜뉴스와 오보에 대한 공통점과 차이점도 이미 앞에서 설명했다.

가짜뉴스가 SNS에 떠돌 때는 가짜뉴스일 뿐이다. 이것을 공신력 있는 미디어가 보도하면 오보가 된다. 이 때문에 구분하기가 어렵다. 즉각 진위가 가려지는 경우도 있지만 대부분 시간이 흘러야 한다는 특성 때문에 경계하지 않으면 가짜뉴스의 동조자, 희생양이 될 가능성이 높다.

가짜뉴스가 오보로 이어지고 오보가 개인의 오판을 부른다. 개인의 오판이 모여 잘못된 여론이 형성되고 이는 어리석은 대중 여론으로 잘못된 지도자를 뽑거나 잘못된 정책을 비판 혹은 지지하는 결과로 이어지게 된다.

정치권에서 여론 조작을 위해 댓글공작 부대를 운영하는 이유는 바로 자신이나 자기 당에 유리한 여론 조성을 하고 상대 당은 비판하는 여론을 인위적으로 만들기 위함이다. 이는 민주주의의 근간을 흔드는 매우 위험한 불법행위다.

특히 선거철이 되면 이런 가짜뉴스와 오보가 기승을 부리는 이유가 정치권이나 언론에서 의도적으로 여론 조작에 나서기도 하기 때문이다. 민주주의 제도는 각 개인이 경각심을 갖고 불법에 공분할 때 민주주의가 유지, 발전되는 것이다.

가짜뉴스와 오보, 지라시 중에서 가장 나쁜 것은 무엇인가?

[미디어스 = 윤수현 기자] 시민들이 생각하는 '가장 유해한 콘텐츠'는 '언론의 오보'로 조사됐다. 언론의 오보가 가장 유해하다는 응답은 가짜뉴스, 지라시보다 더 많았다. 한국언론진흥재단은 "신뢰도가 높은 콘텐츠에 포함된 잘못된 정보가 애초에 신뢰하기 어려운 것으로 인식된 콘텐츠(가짜뉴스·지라시·편파적 기사)보다 더 유해하다는 판단"이라고 분석했다.

한국언론진흥재단은 〈일반 시민들이 생각하는 '뉴스'와 '가짜뉴스'〉 설문 조사 결과를 공개했다. 언론재단은 "가장 유해하다고 생각하는 콘텐츠가 무엇이냐"는 질문을 했고, 응답자 24%는 "언론 보도 중 사실 확인 부족으로 생기는 오보"가 가장 유해하다고 답했다. 가짜뉴스(23.3%), 지라시(19.4%)·편파적 기사(13.9%)보다 높은 응답이었다.

언론재단은 "(언론사의 오보가 가장 유해하다는 응답이 높게 나온 이유는) 언론사의 오보는 진짜라고 믿어 의심하지 않을 가능성이 크기 때문으로 짐작된다"면서 "신뢰도가 높은 콘텐츠에 포함된 잘못된 정보가 애초에 신뢰하기 어려운 것으로 인식된 콘텐츠보다 더 유해하다고 판단했을 것"이라고 분석했다.

"언론사의 오보가 가장 유해하다"고 밝힌 응답은 전 연령층에서 고루 나타났다. 반면 지라시가 가장 유해하다는 응답은 20대(22.6%)에서 가장 높았고, 60대 이상 노년층(12.8%)에서 낮게 나왔다.

언론재단은 "노년층 사이에서 '지라시' 등의 허위정보가 메신저 서비스를 통해 많이 유통되는 것으로 알려져 있다"면서 "(지라시가 가장 유해하다는 응답이 노년층에서 낮게 나온 이유는) 노년층이 이러한 콘텐츠를 가장 활발히 소비 및 공유하고 있기 때문"이라고 분석했다.

한편 응답자들은 실수로 만들어진 잘못된 정보와 의도적으로 조작된 허위정보 모두 가짜뉴스로 인식하는 것으로 조사됐다. "어떤 콘텐츠가 가짜뉴스인가"라는 질문에 응답자들은 ▲ 지라시(92.8%) ▲ 뉴스 기사 형식을 띤 조작된 콘텐츠(92.0%) ▲ 언론사의 오보(89.6%) 순으로 응답했다.

또 다수 응답자는 ▲ 선정적 제목을 붙인 낚시성 기사(87.2%) ▲ 클릭 수를 높이기 위해 짜깁기하거나 동일 내용을 반복 게재하는 기사(86.8%) ▲ SNS 등에 올라온 내용을 확인 없이 전재한 기사(85.9%) ▲ 사건 중 일부분만 전달하는 편파적 기사(81.4%) ▲ 광고성 기사(75.3%) 등을 가짜뉴스라고 판단했다. (하략)

12
골치 아픈 가짜뉴스,
나와 상관없는 문제일까?

가짜뉴스는 쉽게 알아채지 못하지만 나에게 특별한 영향을 주지 않는다고 생각하는 사람들이 의외로 많다. 또한 자신은 가짜뉴스 정도는 구분할 수 있다고 믿고 있는 사람이 대부분이다. 가짜뉴스는 정치인, 연예인, 고위공직자, 언론사 등의 문제로 좁게 생각하는 사람도 많다.

지금부터 하나씩 사례를 들어가며 과연 내 스스로 이런 류의 가짜뉴스에 어떻게 대응했는지, 그리고 앞으로 어떻게 대응할 것인지 한번 생각해 보기 바란다. 내 주변을 둘러싸고 내 의식에 영향을 미치는 데 가짜뉴스도 큰 역할을 하고 어쩌면 나도 가짜뉴스의 동조자, 피해자이면서 동시에 가해자가 될 수 있다는 경각심과 통찰력을 가져야 할 것이다.

■ 가짜광고를 돈받고 뉴스화

임플란트는 여전히 비싸다. 그래서 가격도 싸고 의료기술도 뛰어난 치과병원을 찾는 소비자의 심리를 이용한 가짜광고를 판단하기 쉽지 않다. 더구나 이런 광고를 일부 언론에서 보도했거나, 진짜 보도한 것처럼 가짜뉴스까지 병원 안에 덕지덕지 붙여 놓기도 한다.

여기서 한 걸음 더 나아가 특허청으로부터 특허기술을 인정받은 것처럼 부각시킨다. 물론 일부 치과의원 이야기지만 모두 소비자의 눈을 현혹시키는 가짜뉴스다.

대다수 소비자는 몰랐지만 경쟁 치과의원에서 고발조치해 특허청이 2018년부터 전국적으로 조사하여 2019년 3월, 22곳에서 38건의 허위표시 사례를 적발했다고 발표했다. 과장, 가짜뉴스를 조사한 것이 아니라 특허기술을 받았는지 여부만 조사한 통계 수치다. 명백한 허위사실조차 돈벌이 광고에 활용하는 치과병원이 있다는 것이 문제다.

그런데 일부 병의원만의 문제가 아니라 생필품에서도 허위와 가짜가 섞여 있고, 그것도 언론이 옥석 구분을 하기보다 거꾸로 가짜뉴스로 혼란을 가중시키는 경우가 종종 있다. 주변에 이런 진짜와 가짜가 혼재되어 있어 정부가 나서서 단속해야 할 문제도 있지만 개인도 보다 주의를 기울여야 할 책무가 있다.

도널드 트럼프 미국 대통령은 가짜뉴스 덕에 당선됐다는 일부의 주장이 있다. 물론 트럼프 대통령은 이를 부정하고 거꾸로 미국 언론을 가짜뉴스 생산지로 규정, 공격하고 있다.

외신에 의하면, 2018년 11·6 중간선거를 열흘여 앞두고 잇따라 터진 '폭발물 소포' 배달사건과 유대교 회당 총격사건으로 '반(反)트럼프' 기류가 강해지자 '가짜뉴스' 공격에 직접 나섰다고 한다.

트럼프 대통령은 트위터에서 "우리나라에는 부정확하고, 심지어 사기성까지 있는 언론 보도가 일으키는 큰 분노가 있다"고 주장했다. 그리고 "국민의 진정한 적인 가짜뉴스 미디어는 공개적이고 명백한 적대감을 중단하고 정확하고 공정한 보도를 해야 한다"며 주류 언론을 겨냥했다.

트럼프 대통령은 "그것(공정보도)은 분노와 격분의 불길을 끄는 데 도움이 될 것이고, 우리는 평화롭고 조화롭게 함께 할 수 있을 것"이라며 "가짜뉴스는 반드시 끝나야 한다"고 강조했다.

그는 트윗에서 "가짜뉴스들은 우리나라에서 오랫동안 계속된 분열과 증오를 비난하기 위해 공화당, 보수파 그리고 나에게 그들의 권한으로 모든 짓을 하고 있다"면서 "사실은 그들이 이해하는 것보다 훨씬 더 큰 문제를 일으키는 것은 정직하지 않은 가짜뉴스"라고 주장했다. 트럼프 대통령은 '폭발물 소포' 배달사건이 중간선거

정국을 강타하자 그의 '주적'인 CNN방송을 비난하는 글을 트위터에 올리기도 했다.

그리고 "시청률이 바닥인 CNN이 폭발물 소포사건에 대해 어떻게 마음대로 나를 비판할 수 있는지 우습다"면서 "내가 그들(CNN)을 비판하면 그들은 난리가 나서 '그건 대통령답지 않다'라고 소리 지른다"고 불만을 표현했다.

대통령이 야당이 아닌 주류 언론과 대립각을 세우며 공개적으로 비판하는 경우는 드물다. 어느 나라나 언론의 영향력이 막강한데, 가짜뉴스 생산지로 공격한다는 것은 위험한 도박이라고까지 평가했다.

미국처럼 언론 자유가 만개한 나라에는 가짜뉴스가 더 기승을 부려 네티즌들조차 혼란스러워하고 수많은 팩트체크 기관이 있고 언론사 자체적으로도 검증 기능을 강화한다고 하지만 현실은 이렇다.

국내에서도 이런 모습이 낯설지 않다. 노무현 전 대통령은 선거 과정에서 주류 언론으로부터 가짜뉴스급 정치적 공격을 받았고, 취임 이후에는 일방적으로 비난을 받았다. 그의 죽음 이후에도 주류 언론은 여전히 공격과 비난의 수위를 낮추지 않았다.

선거는 국경 없이 가짜뉴스를 양산시킨다. 이를 전하는 미디어의 역할은 더욱 중요해지지만 정치적 편향성은 미디어마저도 '네 편 내 편'으로 나누게 된다. 세상에 완전한 정치적 중립, 공정은 없다. 미디어가 진실을 추구할 뿐 진실 그 자체를 보도하는 데는 한계가 있다.

나의 선택과 판단을 되돌아보고 타인의 견해를 존중해야 하는 이유이기도 한다.

■ 영상 시대, 보는 것이 전부가 아니다

인기 탤런트 수지가 한 행사장에서 MC로부터 신체적으로 부적절한 성희롱을 당했다는 가짜뉴스가 떠돌았다. 흥분한 네티즌들은 동영상을 통해 이런 사실이 가짜가 아닌 진실이라고 믿고 무차별 공격과 비난에 나섰다.

그러나 사실은 달랐다. 정면으로 바라본 수지의 동영상은 남성 MC가 마치 수지의 허벅지에 손을 대는 것 같지만 측면 각도에서 잡은 동영상은 신체적 접촉은 없었고 다만 자리 이동을 표시하는 손동작이 있었을 뿐이다. MC의 부인에도 불구하고 논란이 되고 공격이 도를 넘자 어렵게 다른 동영상을 구해서 보여 주고 팬들도 오해를 풀었다.

이런 경우 다행히 가짜뉴스가 뒤늦게나마 가짜로 드러났지만 그렇지 않을 경우 MC는 사회적으로 매장당할 수도 있다. 그 가해자는 바로 일반 시민들이다. 내가 보는 것이 전부가 아니라고 사람들은 생각하지 않는다. 자신의 목격, 믿음을 쉽게 바꾸지도 않는다.

영국의 윌리엄 왕세자가 셋째를 낳았다고 손가락 세 개를 펼쳐 보이며 카메라에 포즈를 취한 적이 있다. 정면에서 찍은 사진은 그런 메시지를 정확하게 전달했다. 그러나 측면에서 찍은 사진은 그가 마치 손가락 욕을 하고 있는 것처럼 보인다. 한 측면만 본 이미지 때문에 흥분한 네티즌들의 공격에 추가로 다른 사진도 공개하는 해프닝이 있었다.

중동의 '알자지라' 라는 유명한 방송사는 미군이 아프가니스탄 전쟁에서 잡은 포로를 학대하는 장면을 편집하여 보여 주었다. 공정성과 신뢰로 명성을 얻은 알자지라 방송사의 미군 포로 학대를 의심하는 사람은 없었다.

그러나 그렇게 편집된 이미지는 가짜뉴스급 오보였다. 편집 전 전체 이미지에는 미군이 포로에게 물을 먹이는 장면이었다. 포로 학대와는 거리가 먼 장면임을 뒤늦게 알게 됐다. 사진이 주는 불완전함은 많은 사람들을 오인하게 하는 강력한 힘이 있다. 사진이나 동영상으로 보는 것이 반드시 모든 것이 아님을 기억해야 하는 이유다.

■ 태양광 패널은 과연 중금속 범벅인가

대체 에너지로 부상되고 있는 태양광 패널이 '중금속 범벅이다', '유독성 화학물질 유출이 우려된다', '카드뮴 함유 태양광 폐패널이 2016년 39톤에서 2023년 9,700톤으로 급증할 것이다' 등으로 보도되었다. 내용이 충격적이고 우리 일상생활과 직결된 문제지만 일반인들이 진위를 파악하기는 쉽지 않다.

이런 보도가 사실이라면 태양광 에너지 정책은 즉각 중단되거나 재고되어야 한다. 그러나 이는 사실이 아닐 뿐만 아니라 '가짜뉴스에 해당된다'는 주장이 한국태양광산업협회로부터 나왔다. 그 이유는 한국에서 양산되는 태양전지는 모두 실리콘을 이용하며, 실리콘은 규소를 부르는 말로 모래 성분과 비슷하다고 한다.

이뿐만 아니다. 태양광 패널에서 나오는 전자파로 주민에게 피해가 간다는 보도 역시 가짜뉴스라고 한다. 태양광 패널에서 나오는 전자파는 노트북의 150분의 1로 극소량이며 인체에 무해하다는 연구자료를 통해 반박했다.

'태양광 세척 시 사용되는 화학제품이 토양과 수질을 오염시킨다'는 보도 역시 가짜뉴스라고 한다. 태양광 패널 세척은 물로 하기 때문에 '독성 세제'를 쓸 일이 없다. '태양광 발전 시설 주위의 온도가 상승한다' 등의 보도도 사실이 아니다. 물론 한국태양광산업협회의 말만 믿을 수는 없지만 이와 관련된 전문가 분석과 과학적 통계 수치마저 믿지 않을 수는 없다.

그렇다면 왜 이런 과장 혹은 가짜뉴스가 일부 언론사에 의해 버젓이 뉴스로 보도될까. 그 이유는 여러 가지지만 유력한 이유 중 하나가 문재인 정부의 '탈원전 정책'에 대한 반발이다. 원전에 대한 의존도를 낮추는 대신 태양광 등 대체 에너지 개발 전략을 보수 언론을 중심으로 반대하고 있으며, 이는 에너지 정책에 대한 비판 혹은 무차별 비난으로 이어지는 것이다.

물론 이 모든 것이 가짜뉴스라고 단정하기 쉽지는 않다. 과학적인 전문 분야라 철저한 검증과정이 필요하다. 그러나 일부에서 의도적으로 과장하거나 믿거나 말거나 식의 보도에 대해서는 일반인들도 무조건 믿어서는 안 된다. 이런 류의 보도는 앞으로도 더 많이 등장할 것이고 보도의 정확성, 공정성, 신뢰성 등은 보도 내용과 그 보도를 하는 매체의 공신력과 정치적 편향성 등도 함께 확인해야 한다.

■ 2017년, 2018년 최악의 가짜뉴스?

JTBC 시청자가 뽑은 10대 가짜뉴스 중 '대북 쌀 지원으로 쌀값 폭등'이 2018년 최악의 가짜뉴스였다고 미디어 전문지 《미디어 오늘》이 보도했다.(105쪽 참고) 문재인 정부가 대북 쌀 지원으로 쌀값이 폭등했다는 것이다.

북한에 대한 혐오증과 문재인 정부에 대한 불만을 그렇게 가짜뉴스로 만든 것이다. 눈밝은 시민들은 이제 무엇이 심각한 가짜뉴스인지 알 수 있다. 그러나 이를 진짜뉴스로 믿는 사람도 많다. 좌우나 진보 보수의 문제가 아니고 정치적 문제도 아니다.

2017년 최악의 가짜뉴스는 '최순실의 태블릿 PC가 조작됐다'는 것이다. 그러나 2019년에도 여전히 이는 가짜뉴스가 아니라고 주장하며 시위까지 벌이고 있다. 이 사건 역시 정치적 쟁점거리가 아니라 진실이냐 허위냐의 판단일 뿐이다.

국립과학수사연구소, 검찰, 법원, 헌법재판소 등 국가기관이 반복적으로 최순실 태블릿 PC는 조작된 것이 아니라고 발표했다. 가짜라고 주장하는 사람들은 이런 국가기관 자체를 부정하는 반국가세력인 셈이다. 문제는 여전히 이런 가짜에 동조하고 심지어 지지하는 사람들이 적지 않다는 점이다.

그런데 앞으로도 우리는 가짜와 진짜가 혼재된 사회에서 살아야 하고 때론 선택을 해야 한다. 어리석은 판단은 무지에서 비롯된다. 무지는 타인의 말을 듣지 않고 진실을 말해 줘도 받아들이지 않을 때 공고화되는 법이다. 무지는 죄악이라는 인식이 필요하다.

'대통령이 치매에 걸렸다', '대통령의 집에서 금괴가 발견됐다', '○○○은 빨갱이' 등의 가짜뉴스는 2019년에도 변함없이 사회를 혼란시키고 있다. '표현의 자유'라는 미명하에 현직 대통령을 빨갱이라고 공개적으로 비난해도 처벌조차 받지 않는다. 2019년 최악의 가짜뉴스는 무엇일까.

JTBC '뉴스룸' 팩트체크팀 설문 결과
'대북 쌀 지원으로 쌀값 폭등'이 최악으로 꼽혀

정철운 기자 pierce@mediatoday.co.kr 2019년 01월 02일 수요일

'대북 쌀 지원으로 쌀값이 폭등했다'는 가짜뉴스가 2018년 최악의 가짜뉴스로 꼽혔다. 2017년 최악의 가짜뉴스는 태블릿 PC 조작설이었다.

2018년 12월 31일 JTBC '뉴스룸'은 팩트체크 코너를 통해 '올해의 가짜뉴스' 설문 결과를 발표했다. 이번 조사는 JTBC 디지털뉴스룸과 팩트체크팀이 12월 27일부터 31일 오후 6시까지 설문조사한 결과로 시청자 2,616명이 참여(복수응답 가능)했다.

설문 결과 시청자가 뽑은 10대 가짜뉴스 중 '대북 쌀 지원으로 쌀값 폭등'이 최악의 가짜뉴스였다는 응답률이 39%로 가장 높았다. 2010년 대북 쌀 지원이 중단됐고, 현재 쌀값이 2013년 수준이지만 문재인 정부의 대북외교를 폄훼하기 위한 허위정보였다.

뒤를 이어 '태극기 사라진 정상회담'을 최악의 가짜뉴스로 꼽은 응답률이 30%로 2위였다. 남북정상회담 당시 대통령 전용기에 태극기가 사라졌고, 대통령이 가슴에 태극기 배지를 달게 되어 있는데 배지가 없었다는 내용이지만, 전용기에는 태극기가 있었고 배지를 다는 규정이나 관례는 없는 것으로 확인됐다.

가짜뉴스 3위는 '박근혜 청와대 특수활동비 36억 원, 전임자들의 5% 미만'(29%)이었다. 사실은 김대중 1,131억 원, 노무현 1,146억 원, 이명박 1,210억 원, 박근혜 983억 원(4년간)이었다.

시청자가 뽑은 10대 가짜뉴스 중 4개는 북한과 관련되어 있다. '남북평화협정을 맺으면 주한미군이 철수한다'가 4위(28%), '북한 헬기가 용인에 기습 남하했다'(26%)가 6위였다. 7위는 조선일보에서 시작된 '노회찬 전 대표 부인이 전용 운전기사를 뒀다'(26%), 8위는 '임을 위한 행진곡 예산 12조 원'(25%)이었다. 실제 예산은 12억 원이었는데 1만 배를 부풀린 가짜뉴스였다. 10위는 '5·18유공자, 현 정부서 급증'(21%)이었다.

JTBC '뉴스룸'은 올 한해 총 163회 팩트체크를 진행했으며 그중 가짜뉴스 검증이 73번이었다고 밝혔다. JTBC 팩트체크팀이 다룬 2018년 가짜뉴스 중에는 북한 관련 36%, 평창올림픽 관련 11%, 탈원전 관련 8%, 최저임금 관련 4%로 나타났다. JTBC 팩트체크팀은 "10대 가짜뉴스 중 8개가 유튜브에서 시작됐거나 확산됐다"고 강조했다.

원문보기 http://www.mediatoday.co.kr/?mod=news&act=article
View&idxno=146154#csidx26d1617fb6585799ea882da805907b5

당신이
진짜로
믿었던
가짜뉴스

미디어 리터러시와 미디어 비평

MEDIA CRITICISM

제2부

미디어 비평

미디어 비평과 미디어 리터러시

미디어 비평은 미디어 수용자를 위한 최상의 서비스다. 미디어 내부 시각으로 왜곡된 정보를 바로잡고, 비틀린 뉴스를 올바른 뉴스로 서비스하라고 지적하는 내부 전문가, 즉 '휘슬 블로우(whisle blower)' 역할을 하기 때문이다. 이것이야말로 헌법이 보장한 국민의 정확한 뉴스와 정보의 알권리를 충족시켜 줄 수 있는 현실적이고 강력한 대안이다.

미디어 비평은 정직한 취재, 보도를 통한 뉴스 서비스를 강조하고 감시한다. 미디어 수용자들은 일일이 무엇이 어떻게 잘못됐는지, 오보인지 정보인지 판단할 여유가 없다. 미디어가 전하는 내용을 그대로 믿기 때문에 자칫 미디어의 오판과 게으름, 부정직은 수용자를 오판에 빠트리고 여론을 왜곡할 수 있다.

미디어 비평은 내부 동료 혹은 미디어 전문가 손에 의해 만들어지기 때문에 보다 신뢰도가 높다. 뉴스 텍스트와 취재 보도 전 과정에 걸친 분석과 전문가 검토를 거쳐 다듬어진 것으로 완성도가 높다는 점은 신뢰성과 직결된다. 법은 너무 멀고 진실은 감춰지기 쉽다. 미디어 비평은 비교적 빠른 시간에 진실에 접근하는 대안이다.

또한 미디어 비평은 늘어난 매체수, 뉴스 홍수 시대에 진위를 판별해 주는 해결사 역할을 하여 수용자의 미디어 소비 행태에 도움을 준다. 뉴스 소비자와 생산자의 구분이 모호해지고 오보와 정보, 뉴스와 광고가 혼재되어 있는 상황은 미디어 소비자의 오판을 부른다. 전문가 도움을 받아야 현명한 미디어 소비자가 될 수 있다.

따라서 미디어 비평의 궁극적 목표는 미디어 소비자의 안목을 키우고, 뉴스 생산의 정확도를 요구하여 국민 알권리를 충족하도록 내부 비판, 감시 역할을 강화하는 것이다. 특히 미디어가 제4부로 불릴 정도로 현대 자유민주주의 사회에서의 중요성과 역할은 이미 정평이 나 있다.

민주주의 사회가 기본적으로 견제와 감시로 이루어진다면 제4부도 견제, 감시를 받아야 하지만 그 역할을 적절히 할 곳이 없다. 그래서 미디어 비평은 언론의 제4부로 제 기능을 더 잘 발휘할 수 있도록 미디어에 대한 감시견(watchdog) 역할을 하여 공익적 가치에 이바지하는 것이다.

필자는 국내외 언론사 기자로서 아프가니스탄 전쟁(1989년), 걸프전쟁(1991년) 등을 취재한 경험이 있다. 그리고 1999년 인제대학교 신문방송학과 교수로 임용된 뒤부터 MBC 미디어 비평 자문위원, KBS 미디어 비평 자문위원장 겸 고정 출연한 경험이 있다.

이런 미디어 세계의 값진 경험을 통해 미디어의 불완전한 뉴스와 정보를 어떻게 완성도 높은 품질로 국민에게 서비스할 수 있는가를 배웠다. 현재도 '미디어 비평'은 대학가에서 주요한 과목으로 강의하며 '미디어 리터러시'를 배우는 효율적인 교과서가 되고 있다.

현대인은 어디서나 24시간 '손안의 스마트폰 시대'에 살고 있다. 잘 활용하면 현대인의 무기가 될 수 있지만 잘못 이용하거나 이용당할 경우 흉기로 돌변할 수 있다. 이는 쌍방의 책임이다.

따라서 이 책은 미디어 비평을 통해 알아야 할 점과 경계해야 할 점, 그 구체적 사례 등으로 구성했다. 가급적 딱딱한 이론서에서 벗어나 필자의 체험과 언론 현장에서 느끼고 배운 내용들을 중심으로 보다 생동감 있게 다루고자 한다.

이명박, 박근혜 시대의 언론 통제 전략은 미디어 비평을 질식시켰다. 미디어 비평이 사라지거나 존재감을 잃은 상태에서 언론 보도는 진실보다 권력 홍보에 더 충실했다. 언론자유도는 형편없이 떨어지고 미디어 수용자들을 외면하게 만들었다.

미디어는 신뢰를 잃었고 언론인들은 '기레기' 소리를 들어야 할 정도로 위상 추락은 끝을 알 수 없었다. 내부 비판과 감시가 없는 곳은 잠시 평화로운 듯하지만 결국 진실이 드러나고 망하게 되는 법이다.

정치권력은 미디어의 견제, 감시를 싫어하고 이는 곧바로 미디어 비평 같은 시사프로그램의 폐지로 나타난다. 미디어를 망치는 정치지도자는 스스로를 망하게 한다. 탄핵당하고 감옥에 간 대통령을 보는 것은 미디어 역할을 소홀히 했다는 뜻이다.

당시 미디어 보도를 보자. 지금 되돌아보면 얼마나 일방적이고 유치한 홍보였던가. '외국어는 못하는 것이 없다', '빛의 정치', '형광등 백 개의 아우라' 등 대통령에 대한 낯간지러운 보도는 국민의 눈과 귀를 가리는 엉터리 보도, 홍보였다.

대통령이 공식석상에 보이지 않고 장차관, 참모들과 일 년이 넘어도 한 번 마주하지 않고 서면 보고를 하는 상황에서도 미디어는 기자회견을 요구하지 않았다. 어쩌다 기자회견을 해도 질문조차 못할 정도로 미디어는 죽어 지냈다. 이것을 비판할 미디어 비평 프로그램도 없었다.

과거 역사는 현재의 거울이다. 미래는 현재의 분발과 개선으로 만들어진다. 앞으로도 정치지도자에 따라 미디어는 춤을 출 것이다. 언제든지 자유민주주의는 후퇴할 수 있다는 것도 체험했다. 이런 값진 경험을 통해 미디어 비평의 존재감, 필요성을 확인했다면 이것도 수확이다.

미디어 비평은 입체적으로 존재하며 이중장치를 해 놓아도 좋다. 미디어 비평 영역은 언론 자유를 더 자유롭게 하고 타락의 위험성이 있는 권력을 절제하도록 브레이크 역할을 하게 될 것이다.

댓글부대로 국민을 속이고 여론을 조작하려는 시도는 더 이상 나올 수 없도록 사회적 감시망을 강화해야 하듯, 미디어 내부 비판과 감시를 위해 미디어 비평은 꼭 필요하다는 점을 강조한다.

국민 입장에서도 최소한 어떤 것이 정보인지 홍보인지를 구분할 혜안을 갖기 위해 노력하는 수고로움이 필요할 것이다. 이런 맥락에서 미디어 비평에 대한 내용 구성을 다음과 같이 했다.

먼저 '미디어 비평의 정의'를 분명히 하여 이 책의 방향을 설정했다. 역사와 목적은 미디어 비평을 통해 미디어 역사가 어떤 시대적 상황에서 나오게 됐으며 그것이 미디어의 세계와 국민의 알권리에 어떻게 기여했는지 등을 살펴봤다.

신뢰도 높은 미디어 비평의 조건은 무엇이며 여기에 어떤 함정과 위험, 한계가 도사리고 있는지를 정리했다. 필요한 프로그램일수록 제작하는 데 어려움이 많기 때문에 공영방송과 연계해서 따로 정리했다.

자유민주주의 사회에서 미디어 비평이 얼마나 중요한가는 따로 장을 만들어 사례를 곁들여 설명했다.

한 주제를 붙들고 이렇게 집중하는 것은 그것이 미디어 수용자, 시민들을 위한 미디어 서비스를 보완하는 일이고 필자에게 주어진 사명이라고 생각한다.

바로 미디어 비평의 의의를 확신하기 때문이다. 대학생들도 미디어 비평 강의를 듣기 전과 듣고 난 뒤 확실하게 변화하는 모습을 봤다. 이들은 미디어 비평 강의를 듣고 "비로소 신문방송학과 전공을 택했다는 실감을 했다", "뉴스를 곧이곧대로 무비판적으로 믿는다는 것이 얼마나 어리석은 일인가 실감했다" 등의 반응을 보였다.

SNS 시대를 살아가는 현대인들을 위해 미디어 비평의 중요성을 더 체감하고 어떤 점을 주의해야 할지 가이드 라인을 소개하면서, 미디어의 윤리와 내적 규제의 필요성을 강조했다. 미디어 비평과 SNS 시대, 미디어 비평과 제작 가이드 라인 등을 따로 구분하여 정리한 것은 그 중요성이 높아지고 있기 때문이다.

마지막 부분은 실제 사례를 공유하자는 의도에서 분석 정리했다. 미디어 비평은 누구나 할 수 있을 것 같지만 실제로는 전문가 영역이며 논리적 전개, 사실(fact)에의 충실, 공정성 확보 등이 생각보다 어렵다는 점을 보여 주고자 했다.

물론 그렇다고 미디어 비평은 전문가만 할 수 있다는 의미는 아니다. 일반인들도 얼마든지 할 수 있고 또 해야 할 경우도 있다. 다만 좀 더 설득력을 갖추기 위해서 지켜야 할 조건과 가이드 라인 등을 제시했다.

'미디어 리터러시'는 미디어의 이해, 미디어 비평에서 출발한다. 미디어 리터러시에서 무엇을 배울 것인지, 그것을 어떤 기준으로 분석, 해석할 것인지가 핵심이다.

책은 이용하는 자의 것이다. 필자는 다각도로 책을 만들지만 그 효용성은 순전히 소비자의 소비 행태에 따라 천차만별이다. 미디어 소비자에게 작은 도움이라도 된다면 큰 기쁨과 보람이 될 것이다.

01
미디어 비평의 정의

'미디어 비평'이란 보도와 취재 관행, 관련 법과 제도 등을 비판적으로 평가하고 공론화 과정을 거쳐 개선시키는 저널리즘의 한 영역이다. 현대인은 미디어를 통해 정보와 지식을 습득하는 과정에서 미디어의 정확성과 공정성, 진실성, 윤리 등이 어떻게 작동하는가를 알 길이 없어 자칫 왜곡된 정보, 오보 등에 노출될 위험성이 있어 이를 견제, 예방, 사후정정, 취재 보도 관행 등의 역할을 포괄적으로 비평하는 것을 말한다.

'미디어 비평'은 취재, 보도 중심의 저널리즘 비평과 미디어 전반의 문화와 관행, 불법과 탈법 등을 비평하는 평론의 한 영역으로, 학자들은 대상이나 주체에 따라 조금씩 다르게 표현하기도 한다.

원용진 교수(서강대, 2004)는 미디어 비평의 정의를 "미디어 문화의 발전을 위해 미디어 조직, 경영자, 생산자, 수용자, 정책 입안자 등을 독자로 삼고 전문학술지, 일간지, 잡지, 학술지 등의 매체를 발표 공간으로 미디어와 관련된 사안에 대해 분석을 해낸 뒤 평가를 내리는 전문적인 작업"이라고 했다.

말이 조금 어려울 수 있어 미디어에 대한 정의를 먼저 내려보도록 한다. 여기서는 언론 혹은 미디어로 혼용하여 사용하는데, 미디어의 주요 역할은 뉴스와 정보를 대중에 전달하는 것이다. 이와 함께 국가 권력기관이나 정치집단 등에 대한 감시, 견제 역할을 부여받고 있다. 자유민주주의 국가에서는 미디어의 이런 감시 견제 기능을 중시하여 입법, 사법, 행정부에 이어 제4부라고 부를 정도로 그 기능과 역할에 공적 의미를 부여하고 있다. 따라서 미디어 비평은 바로 미디어의 이런 역할을 공정하고 정확하게 하기 위해 제대로 노력하고 있는가에 대한 내적 감시 역할로 정의할 수 있다.

월터 리프만(Walter Lippmann)은 '대중이라는 환영(The Phantom of Public)'에서 지적했듯이, 대중은 내부자(insider)인 취재원과 기자 사이에 일어나는 일은 알 수가 없고, 생업 때문에 전문적인 감시 활동을 벌일 수가 없다. 그래서 대중은 뉴스 텍스트가 보여 주는 정확성이나 공정성에 대해서 평가자는 될 수 있지만, 취재 과정을 모르기 때문에 진실성 혹은 유관성의 문제에 대해서는 무능력자일 수밖에 없다. 취재 관행 같은 직업적 관습은 내부자가 아니면 현실조차 파악하기 어려운 것이다.(남재일, 재인용, p.8)

즉 미디어 비평은 필요하지만 대중은 미디어의 내부 세계를 알기 힘들고 내부자의 취재 관행과 같은 직업적 관습은 알기 힘들기 때문에 뉴스 텍스트의 깊은 의미를 알기 힘들다는 것이다. 따라서 이런 취약하거나 윤리적으로 정직한 보도를 하지 않은 것을 내부자가 살피고 조사하여 정확한 뉴스 텍스트를 보여 주도록 하는 것이 미디어 비평의 정의라고 할 수 있다.

미디어 비평은 분야에 따라 인물 비평, 정책 비평, 법제도 비평, 미디어 내외 비평, 관행 문화 비평 등으로 나눌 수 있다. 여기에 미디어 수용자의 무비판적 수용 방식에 대한 비평 역시 포함될 수 있다.

미디어 비평은 대상 주체에 따라 동종(同種) 비평, 이종(異種) 비평, 전문(專門) 비평 등으로 나눌 수 있다. 동종 비평이란 방송사–방송사, 신문사–신문사 등 같은 매체끼리 상호 비평하는 것을 말한다. 이종 비평이란 방송사–신문사, 방송사–잡지사 등 매체 성격이 다른 언론사 간에 이루어지는 미디어 비평을 의미한다. 전문 비평은 《미디어 오늘》, 《미디어스》 같은 언론 전문지가 신문이나 방송을 상대로 벌이는 미디어 비평을 의미한다.(박스글 참조)

다음은 미디어 전문지 《미디어 오늘》의 미디어 비평 사례를 인용했다. 여기서 한 대형 신문의 오보와 함께 그와 관련된 문제에 대해 '사설'로 통렬하게 비판했다. 이런 미디어 전문지의 조사와 보도, 비평이 없다면 독자들은 사실 관계를 모르거나 오보에 따른 오판을 할 수 있다. 이런 전문지의 미디어 비평이 얼마나 중요한 역할을 하는지, 다음 사례를 통해 짐작할 수 있어 전문을 인용한다.

공개 총살됐다던 현송월, 조선일보의 후안무치

미디어 오늘 media@mediatoday.co.kr 2018년 01월 23일 화요일

"김정은 노동당 제1비서의 연인으로 알려진 가수 현송월을 포함해 북한 유명 예술인 10여 명이 김정은의 지시를 어기고 음란물을 제작·판매한 혐의로 지난 20일 공개 총살된 것으로 28일 밝혀졌다."

2013년 8월 29일 조선일보가 6면 머리기사로 보도한 내용이다. '김정은 옛 애인(보천보 전자악단 소속 가수 현송월) 등 10여 명, 음란물 찍어 총살돼'라는 제목의 기사다. 인터넷에선 '단독'이라는 타이틀까지 달았다. 현송월 북한 삼지연 관현악단장이 지난 21일 사전점검단을 이끌고 방한한 이후에도 조선일보 해당 기사 제목에는 여전히 '단독'이 달려 있다.

공개 총살됐다던 현송월 단장이 버젓이 살아왔지만 조선일보는 자신의 오보에 대해 아무런 해명도, 정정도 없다. '김정은 옛 애인'도 확인되지 않은 풍문에 불과했지만 조선일보는 단정적으로 보도했다. 사실상 기사 전체가 오보로 판명이 난 상황이다. 하지만 자칭 '1등 신문'은 지면과 인터넷에서 모르쇠로 일관한다. 후안무치가 따로 없다.

6년 전 지면에서 현송월 단장을 '공개 총살' 시킨 조선일보는 현 단장 일행이 남한에 머무는 1박2일 동안 그와 관련한 시시콜콜한 내용을 세세히 보도했다. 현 단장 일행이 강릉 스카이베이 경포호텔 식당에서

어떤 메뉴로 아침식사를 했는지, 어떤 의상과 구두를 신었는지 그리고 어떤 핸드백을 들었는지 자세히 전했다. 멀쩡한 사람을 지면에서 '공개 총살' 시킨 언론이 공식적인 해명 없이 신변잡기식 보도를 이어갔다.

'총살', '처형', '죽음'이라는 단어와 함께 무책임하게 보도를 해도 그 대상이 북한이라면 아무런 책임을 지지 않는다. 한국 언론의 북한 보도가 춤추는 이유다. 자신들 지면에서 '총살됐던 사람'이 '다시 살아났다면' 이후 보도에 최소한의 신중이라도 기하는 게 상식이다. 하지만 조선일보는 대립과 갈등 부각, 트집잡기와 신변잡기식 보도에 치중했다. 반성도 없고 부끄러움도 없다.

조선일보의 북한 보도 문제점은 현송월 단장에만 국한되지 않는다. 최소한의 일관성도 없다. 북한은 2014년 인천 아시안게임에 선수단을 참가시켰다. 북한 고위급 대표단이 경기를 참관하기도 했다. 당시 조선일보는 '남북대화에 나서야 한다'는 취지의 기사와 사설을 배치했다. 그때 남북 관계나 한반도 상황이 지금과 크게 다른가? 그렇지 않다. 인천 아시안게임이 열리기 전에도 북한은 핵실험을 했고 미사일을 발사했다. 하지만 조선일보는 당시에는 '남북대화'를, 지금은 '강력한 대북제재'를 주문하고 있다. 차이가 있다면 당시는 박근혜 정부였고 지금은 문재인 정부라는 것 정도다. 조선일보의 북한 관련 보도가 정치적이고 정파적인 이유다.

평창 동계올림픽 성공을 위해 정치권과 언론이 힘을 모아 달라는 문재인 대통령 주문에 대한 조선일보 입장은 한편의 블랙코미디 같다는 생각마저 든다. 조선일보는 23일자 사설에서 "청와대의 요청이 북의 비위를 거스르지 말아 달라는 것이라면 받아들일 수 없다"고 했다. 문 대통령과 청와대는 자유한국당이 평창올림픽을 '평양올림픽'이라며 색깔론 공세를 펴고, 일부 언론이 이에 동조하는 듯한 태도를 보인 것에 대해 원칙적인 입장을 밝혔다. 하지만 조선일보는 이를 '북 비위 거스르지 말라'는 취지로 해석했다. 조선일보의 독특한 해석 능력이 놀라울 뿐이다.

조선일보는 "유독 북한은 남측 언론 보도에 민감하게 반응한다. …북한 선전 기관들은 '괴뢰 보수 언론들의 악선전이 도를 넘고 있다'며 연일 비난하고 있다"(23일자 사설)고 썼다. 언론 보도와 관련해 북한 입장을 옹호하고 싶은 마음은 전혀 없다. 하지만 그와 별도로 지금까지 조선일보의 북한 관련 보도가 얼마나 정확했고, 얼마나 신중했는지 따져볼 필요는 있다. '현송월 총살'과 같은 명백한 오보를 하고도 나몰라라 하는 건 책임 있는 언론의 자세가 아니다. 북한이 '괴뢰 보수 언론 악선전'을 문제 삼기 전에 어이없는 '현송월 총살' 보도에 대해 정정하고 사과부터 하는 게 순서다.

원문보기 http://www.mediatoday.co.kr/?mod=news&act=article
View&idxno=140948#csidx4c1f2a266113ec0927677b917eeeb2d

미디어 비평은 시청자나 독자에게 정확하고 공정한 서비스를 통해 알권리를 제공한다는 취지를 최우선에 둔다. 미디어 비평을 통해 언론계 내부를 정화하고 내적 감시체제를 확보하려는 것도 이를 통해 대중의 보호를 제한적으로나마 확보할 수 있기 때문이다.

따라서 미디어 비평은 시청자나 독자 최우선주의가 전제되지 않으면 '자기방어', '자기변명', '자기홍보'로 전락할 위험이 상존한다. 미디어 비평은 스스로 허점이나 잘못된 관행을 드러내고 고발하기 때문에 이를 용감하고 정직하게 하기가 실제로는 매우 어렵다.

미디어 비평과 저널리즘 비평은 조금 다를 수 있다. 미디어 비평이 미디어 산업과 경영 전반에 걸친 영역을 다룬다면, 저널리즘 비평은 취재, 보도 과정과 그 텍스트 생산 배경과 관행 등에 초점을 맞춘다는 점이다. 따라서 미디어 비평의 영역이 포괄적이라면 저널리즘 비평은 취재 보도 영역에 제한된다는 차이점이 있다.

물론 저널리즘 비평과 미디어 비평의 영역은 상당 부분 겹칠 수 있고 때로는 구분이 모호할 수도 있다. 굳이 구분할 필요를 느끼지 못할 수도 있지 않느냐고 반문할 수 있지만, 구체적인 내용으로 들어가면 차이가 있다. 예를 들면 정치권력의 언론 통폐합 문제는 저널리즘 영역이라기보다는 미디어 정책 등 미디어 전반을 포괄하는 영역이라고 볼 수 있다.

미디어 비평의 정의는 보다 쉽게 내릴 수 있지만 미디어 비평을 비평답게 하기란 쉽지 않다. 자칫 주관적 인상기로 흐를 수 있고, 또 특정 미디어 죽이기 등 표적 비평이라는 반론에 직면할 수 있다.

미디어 비평의 정의를 살리기 위해서는 미디어 비평에는 반드시 갖춰야 할 조건이 있다. 그 구체적 조건은 따로 '미디어 비평의 조건'에서 정리하겠지만 특히 공정성과 전문성이 중요하다는 점을 여기에서 상기시키고자 한다.

미디어 비평의 정의를 정의답게 하는 전제조건으로 공정성은 비평받는 대상을 설득할 수 있는 유일한 무기가 된다. 비평의 주체가 대상으로 바뀌어 손가락질 받는 입장이 된 미디어가 견디기 힘들어하는 모습을 자주 봤다. 아무리 공정하게 하려고 해도 그 불공정성의 논리를 억지로 만들기까지 하기 때문이다. 그래서 제3자가 납득할 수 있는 공정성을 갖추지 않으면 미디어 비평은 비난이 되고 만다.

또한 미디어 비평에서 전문성은 상대가 시인을 하든 안 하든 설득의 권위를 가진다. 전문성은 직위가 아니라 전문적인 분석과 전문적인 견해, 전문적인 비평에서 나타나야 한다. 비평은 어느 정도 주관성을 포함하고 있지만 사실(fact)에 충실하고 전문적 해석과 논리를 담보하지 않으면 안 되는 영역이다. 특히 저널리스트라는 프로들을 상대로 문제를 지적, 시정을 요구하는 저널리즘 비평은 더욱 정교하고 전문적이어야 한다. 따라서 미디어 비평은 누구나 할 수 있지만 저널리즘 비평은 전문가의 영역이라고 할 수 있다.

결론적으로 "미디어 비평의 정의는 취재, 보도 중심의 저널리즘 비평과 미디어 전반의 문화와 관행, 불법과 탈법 등을 비판적으로 접근하여 비판하는 평론의 한 영역이라고 할 수 있다"고 정리했다. 이를 좀 더 보충하면, 미디어 비평이 늘 비판만 하는 것이 아니라 호평도 한다는 점이다.

비평이 비판과 호평을 포함하고 있는 만큼 미디어 비평 영역에서 특종이나 좋은 보도, 평론 등을 한 언론인이나 언론사에 대해 호평을 하는 것도 인색해서는 안 되겠다. 한국 언론사에서 미디어 비평의 역사는 정권의 성격을 상징하는 프로그램이 됐다.

언론을 장악하려는 정권은 미디어 비평의 존재를 껄끄러워했다. 미디어가 권력을 감시, 견제한다면 그런 역할을 잘하는지 못하는지를 미디어 비평이 일일이 분석, 보도해서 국민에게 알렸기 때문이다.

미디어 비평이 정의대로 신문이나 방송에 나타나면 언론 자유의 시대가 도래했다고 봐도 무방할 정도가 됐다. 반대로 미디어 비평이 종적을 감추기 시작하면 언론 통제의 시대가 시작되고 있음을 알아야 한다. 이것은 굴곡의 한국 정치사가 가르쳐 준 교훈이다.

02
미디어 비평의 역사

미디어 비평의 역사는 언론 자유의 역사와 궤를 함께 한다. 미디어 상호 간 비평이 자유롭고 활발할 때 언론 자유는 높은 것으로 나타났고, 미디어 비평이 사라졌을 때 언론자유도는 낮게 나타났다. 일제 강점기 때 탄생한 한국 언론은 초창기와 시련기를 거치는 과정에서 미디어 비평은 전무하다시피 했다가 1988년 한겨레신문 창간과 함께 미디어 비평 시대가 본격적으로 시작되었다.

"미디어 비평을 처음 시작한 곳은 한겨레신문이지만 이를 일반화시킨 곳은 방송이다. 2001년 문화방송의 미디어 비평 프로그램 신설과 함께 경향신문, 중앙일보, 한겨레신문 등 대부분 언론사들이 미디어 비평 고정란을 할애했다. 2003년 한국방송공사의 '미디어 포커스' 신설은 명실상부하게 국내에도 미디어 비평 시대를 열었다."

(김창룡, 매스컴과 미디어 비평, 글로세움, 2003, p 84)

한겨레신문 창간과 함께 1988년 주로 방송 비평을 시도한 미디어 비평 시대는 2000년대 들어오면서 신문과 방송이 활발하게 뛰어들었다. 하지만 과거로 더 거슬러 올라가 보면 미디어에 대한 비평이 없었던 것은 아니다. 비정기적이고 단편적이기는 하지만 미디어 비평 역사는 훨씬 더 오래전으로 거슬러 올라간다.

"한국 언론사에서 저널리즘 비평 역사는 1920년대《개벽》,《삼천리》가 당시 신문을 비판한 글을 게재한 것을 시초로 본다(송건호, 1977; 이재경, 2001). 그 후《철필》,《쩌널리즘》등 저널리즘 비평지가 창간됐으나 단명하고, 1946년 5월 17일 장기간 정기적으로 발간된 미디어 비평 전문지로 '비판신문'이 창간됐다. 이 신문은 4면 체제 주간지로 시작해 1960년 일간지로 전환하는 등 활발한 미디어 비평 활동을 펼쳤지만 1962년 재정난과 군사정부의 압력으로 자진 폐간했다."(남재일, 미디어 지평의 상호지형, 2005, p 9)

이후에도 미디어 비평 역할을 한 '신문의 신문'이 1952년 9월 18일 창간되어 1961년 5·16 직후 폐간될 때까지 언론 활동에 대한 비평 기사를 주로 실었다.(한국언론연구원, 1983)

박정희 정권이 시작된 1961년부터 전두환 정권이 끝날 무렵 1987년까지 28년간 미디어 비평은 사라지다시피 했다. 미디어 비평이 다시 시작된 것은 1988년 언론기본법이 폐지되고 직선제 허용과 함께 언론 설립의 자유가 보장된 헌법 개정이 이루어지고 난 뒤부터다.

박정희, 전두환 군사정권 때는 미디어 비평을 찾을 수 없다.

그 이유는 군사정권의 대변인 역할을 하거나 권력 감시 견제가 거세된 상태에서 '미디어 비평'을 할 수 없었기 때문이다. 또한 당시 군사정권은 언론을 국가 발전의 도구 정도로 인식하여 언론 자유를 제한했으며, 소위 '채찍과 당근' 전략으로 말 잘 듣는 언론에는 특혜를 부여하고 저항하는 언론은 철저하게 탄압했다. 미디어 비평을 할 수 있는 소재는 많았으나 그렇게 할 수 있는 언론 자유는 주어지지 않았다.

또한 용기있게 저항하는 언론인들은 해고나 언론사 통폐합 등으로 가혹하게 진압했다. 대신 권력을 찬양하고 홍보하는 데 앞장 선 언론사 주요 간부, 방송사 사장, 앵커 등은 청와대 수석이나 국회의원 등으로 스카우트 특혜를 베풀었다. 권력에 순치된 언론은 스스로 비평할 수 있는 내적 양심과 용기를 잃어 갔다.

전두환 정권 말기 1987년 호헌철폐를 부르짖은 수많은 국민은 '땡전뉴스'를 반대하며 시위에 나서 많은 눈물과 피를 흘리며 언론 자유를 되찾았다. 소위 '6·29선언'은 전두환의 항복이자 국민의 승리였다. 이렇게 해서 언론 설립의 자유와 함께 진정한 언론 자유 시장, 무한 경쟁 시대가 열린 것이다.

한겨레신문은 창간과 함께 여론매체부를 별도로 신설하여 방송과 신문을 미디어 비평이란 이름으로 저널리즘 비평을 시작했다. 이러한 미디어 비평 시대는 1999년 서울신문(당시 제호 대한매일)이

뒤를 이었다. 동아일보와 중앙일보는 '옴부즈맨 칼럼'을 신설하는 형식으로 미디어 비평에 합류했다.

방송의 경우, 1999년 KBS가 '정범구의 시사비평'에서 '미디어 비평' 코너를 고정으로 편성했다. MBC도 2001년 '미디어 비평' 프로그램을 신설, 방송과 신문사에 미디어 비평 시대가 활짝 열렸다.

이후 KBS는 '미디어 포커스', MBC는 '신강균의 뉴스 서비스 사실은', '뉴스플러스 암니옴니' 등으로 이름을 바꿔 선보였다. '언론 장악 시대'로 비판받던 이명박, 박근혜 정부에 와서 미디어 비평 프로그램은 사라지기 시작했다. 마지막으로 KBS는 '미디어 인사이드'라는 이름으로 미디어 비평 프로그램을 유지시켜 왔으나 존재감을 상실했다는 비판과 함께 2016년 4월 16일 폐지되고 말았다.

미디어 비평은 권력의 변화와 함께 부침했다. 언론 자유가 주어지면 언론 자율 규제 역할을 하는 미디어 비평은 활발해졌고, 언론 자유가 통제당하면 미디어 비평 프로그램은 사라지는 식이었다.

미디어 비평이 없던 시기, 즉 박정희, 전두환 군사정권 시절 언론사의 외적 성장은 경제 성장과 함께 두드러졌다는 점은 주목할 만하다. 권력의 특혜 논란 속에 '권언유착'을 형성한 신문사들의 외적 성장이 정상적인 성장이었는가에 대한 의문은 여기저기서 제기됐다.

"박정희 정권 들어서서 한국 언론, 특히 신문은 대기업으로 성장하는 과정에서 정치적 통제에 순응하며 여기에 맞는 객관주의 관행을 정착시켜 나갔고, 이러한 관행은 87년 민주화 이후에도 구조적 성격을 유지하고 있다. 이는 한국 언론의 관행이 저널리즘 비평의 대상으로 비판 속에서 수정을 되풀이하여 성장한 것이 아니라는 것을 의미한다."(남재일, 미디어 상호 비평의 지형, 2005, p 10)

한국 대형 신문사들이 대기업으로 성장하는 과정에서 저널리즘을 희생하여 경제적 이익을 얻었다는 말을 이렇게 돌려서 표현한 것이다. 언론사가 불리할 때는 객관주의를 내세우지만 그것은 미디어 비평에 따른 자연스런 발전의 산물이 아니라는 것이다.

이명박, 박근혜 시대의 언론 통제를 거친 신문과 방송사들은 문재인 정부 2년차를 맞은 2018년 다시 활발한 '미디어 비평' 시대를 열었다. 공영방송의 위상을 잃고 권력의 희생양이 됐다는 MBC는 뉴스데스크를 통해 과거 방송보도에 대한 사과를 거듭했다. 몇 차례 사과 정도로 그칠 일이 아닌 만큼 미디어 비평 고정 프로그램을 다시 시작했다.

KBS도 2018년 새로운 사장이 선임되면서, 과거 잘못된 보도에 대해 진상조사와 함께 이를 국민에게 알리는 미디어 비평 같은 프로그램 '저널리즘 톡'이 다시 신설됐다.

미디어 비평의 목적은 정직하고 공정한 보도로 국민의 알권리에 충실한다는 기본 원칙이 확고하다. 미디어의 존재 이유가 대중을 위해서라는 대전제가 있는 만큼 대중에게 진실한 뉴스와 정보 제공을 저해하는 모든 제약 요인을 고발하고 비판, 개선을 공론화하는 것을 그 목적으로 한다. 따라서 미디어 비평을 통해 ▲ 미디어 취재, 보도문화의 선진화 ▲ 법과 제도 개선 ▲ 국민의 정확한 알권리 서비스 강화 ▲ 개인 인격권 보호 ▲ 민주주의 발전이라는 5대 목적으로 요약할 수 있다.

정보화 사회에서 늘어난 미디어 수와 인터넷 공간과 기술, 사회관계망 서비스(SNS)의 확대 등으로 정보와 광고, 홍보 등이 어우러져 경계가 모호해지고 있다. 때로는 의도적으로 소비자를 현혹시키고 혼란에 빠트린다.

자유민주주의의 바탕이 되는 올바른 여론 형성은 바른 정보와 뉴스를 전제로 한다. 댓글부대 등의 조직적인 여론 조작 행위는 올바른 여론 형성을 왜곡하고 이는 국가정책에도 잘못된 메시지를 전달할 수 있다.

미디어의 본래 목적인 정확한 뉴스 전달은 곳곳에 암초와 유혹이 뒤따른다. 이런 과정과 환경을 잘 모르는 미디어 소비자들은 왜곡된 정보의 희생자가 될 가능성이 높다. 이는 미디어와 소비자의 공동 책임이다.

따라서 미디어 비평의 목적은 정보 홍수 속에서 미디어 소비자들에게 정확한 알권리를 서비스하기 위해서다. 이것을 '국민의 정확한 알권리 서비스 강화'라고 표현했다. 헌법이 보장한 국민의 알권리는 구체적으로 정확한 내용의 알권리를 말한다. 왜곡되거나 과장 혹은 축소 왜곡된 정보는 정보가 아니다.

그런데 언론사나 언론인은 정보를 취재하기 위해 특별한 조사권이나 수사권 등의 특혜가 없다. 사실(fact)과 소문, 의혹 등이 혼재되거나 진실의 일부를 조각처럼 짜맞추는 작업을 하는 과정에서 뉴스로 나가기도 하기 때문에 정확한 정보를 전달한다는 것이 생각처럼 쉽지 않다.

정확한 뉴스를 제공하지 못하는 이유로 언론인의 능력 부족, 취재의 한계, 취재원의 협박이나 유혹, 법적 제약, 언론사 자기규제(self-censorship) 등이 있을 수 있다. 미디어 비평은 바로 이런 부분을 하나씩 짚어서 원인을 밝혀 보다 완성도 높은 뉴스와 정보 서비스를 꾀하는 것이 목적이다. 이는 철저하게 시청자, 독자 입장에서 언론사 내부 문제를 밝혀내 공개, 시정을 요구하는 것인 만큼 공공성과 공익성이 높다고 할 수 있다.

그다음은 '미디어 취재, 보도문화의 선진화를 가져온다'고 볼 수 있다. 미디어의 뉴스 보도는 정확성과 함께 신속성을 요한다. 정확과 신속이라는 두 가치는 미디어가 추구하는 핵심 가치이긴 하지만 동시에 만족시키기가 쉽지 않다.

특히 특종 경쟁에 시달리는 미디어 입장에서는 정확성을 꾀하기 위해 오랜 시간 취재에 매달릴 수는 없다. 부족한 대로 뉴스를 내보내고 그다음 또 보충 취재, 보도하는 방식을 택한다. 이 과정에서 완결성이나 정확도가 떨어져 저널리즘의 수준을 저하시키기도 하고 개인의 사생활을 침해, 언론윤리강령을 위배하는 경우도 나타난다.

미디어 비평은 뉴스 제작 과정에서 생기는 이런 부실, 불완전한 태생적 문제를 극복하고 보다 선진화된 보도기법과 윤리강령 등을 준수하도록 문제를 지적하고 개선하도록 하는 역할을 한다. 또한 보도 완성도를 높이기 위해 게이트 키핑 과정을 거쳤지만 미처 다루지 못한 문제 등은 사후 서비스를 통해 보완할 수도 있다. 비판이 있는 곳에 발전이 있는 법이다.

무엇보다 언론인 스스로에게 취재, 보도시에 미디어 비평 프로가 존재할 때 감시, 견제의 대상이 될 수 있다는 마음가짐을 갖게 한다.

이는 보다 신중하고 책임감 있는 보도를 하게 만드는 일종의 내부 장치가 되는 셈이다.

또한 미디어와 관련된 '법과 제도의 개선을 가져올 수 있다.' 언론인들이 취재, 보도 과정에서 불거지는 개인의 권리와 알권리가 충돌할 때 법원이 판결을 내리거나, 검사가 수사를 하는 과정에서 법과 제도는 비판의 심판대에 오른다. 시대에 맞지 않거나 과도하게 언론 자유를 위협할 소지가 있는 판결의 경우, 혹은 그 반대의 경우 역시 미디어 비평에서 재점검해 보는 장이 된다.

미디어법, 언론중재위원회법 등 관련 법률은 시대 흐름에 따라 조금씩 불합리한 점이 개선되어 왔다. 이는 언론 자유와 개인의 법익 사이에서 다투는 과정에 미디어 환경 변화와 함께 이루어진 결과물이다.

법뿐만 아니라 미디어 수용자 보호를 위한 옴부즈맨 제도, 언론피해구제제도 등은 미디어 비평에서 자주 다룬 이슈를 공론화하면서 발전된 제도의 하나다. 따라서 미디어 비평은 미디어 안팎의 이슈를 다루면서 법제를 정비, 발전시키는 주요 역할을 한다고 볼 수 있다.

그리고 미디어 비평은 '개인의 인격권 보호에도 앞장 서게 된다.' 미디어 입장에서 미디어를 옹호, 해명하기보다는 미디어 소비자 입장에서 미디어의 정당한 취재 보도 행위를 보는 만큼 소비자 개개인의 인격권 보호를 무엇보다 소중하게 생각한다.

언론 자유는 개인의 인격권 보호와 함께 자유민주주의 사회에서 똑같이 존중받는 두 핵심 가치에 속한다. 그러나 때로 언론은 공공의 이익을 내세우며 사생활을 침해하거나 미성년자 신원을 노출시키기도 하고 부당하게 개인 신원을 공개하는 등 개인 인격권이 훼손될 가능성이 상존한다.

이런 개인 인격권이 어떤 경우에도 부당하게 침해당하지 않도록 보호에 최선을 다한 상태에서 보도했는지 등은 미디어 비평의 주요 영역이다. 이는 취재 보도 가이드 라인이나 언론윤리강령 등에 명시적으로 규정하고 있지만 때로는 신속성이나 특종의 이름으로 무시되는 경우도 있기 때문에 미디어 비평은 내부 시각으로 이를 소홀히 하지 못하도록 한다.

특히 언론 보도 특성상 한번 잘못된 보도는 치명적이며 원상회복이 되지 않는다는 특징이 있다. 따라서 미디어 비평 프로그램을 통해 신중한 보도, 책임 있는 보도, 완성도 높은 보도를 요구할 수 있는 공식 창구가 되는 셈이다. 개인 인격권 보호는 언론 역시 존중해야 할 민주주의의 핵심 가치이기 때문이다.

미디어 비평은 '자유민주주의 발전이라는 목적으로 요약될 수 있다.' 미디어 비평의 존재는 그 자체로 언론 자유, 표현의 자유, 인격권 보호 등을 의미한다. 이는 권력에 대한 정당한 감시, 견제 기능을 보장하여 삼권분립 정신을 이행하도록 하는 역할을 뜻한다.

예를 들면 이명박, 박근혜 시대에 언론사의 미디어 비평이 사라졌다. 마지막 남은 KBS '미디어 인사이드'라는 비평 프로그램마저 2016년에 폐지됐다. 이명박 전 대통령의 언론 장악에 따른 시사 프로그램 폐지와 함께 미디어 비평 프로그램은 폐지되거나 형식적으로 존재해 오는 식이었다. 박근혜 정부에서 끝내 미디어 비평이 전멸되고 말았다.

이것은 곧 미디어의 권력 감시 기능의 저하 혹은 마비를 의미하며 결과가 두 대통령의 불행한 결말로 이어졌다. 뒤늦게 드러난 언론 장악 실태는 언론계 적폐 청산으로 이어지고 있다. 언론을 장악했던 권력자는 언론을 망치고 본인도 망하는 결과를 빚었다.

이 과정에서 권력은 일방통행식 지시와 명령만 했을 뿐 언론 검증이나 피드백은 제대로 되지 않았다. 집단 오보, 왜곡 보도, 일방적 찬양이나 홍보가 정보와 뒤섞이며 혼란을 초래했다. 진실은 실종되고 국민의 알권리는 훼손되는 등 국민 입장에서 미디어에 대한 불만은 커졌지만 이를 반영해 줄 미디어 비평 프로그램은 사라지고 없었다.

따라서 미디어 비평의 존재는 한국 언론뿐만 아니라 정치권력의 차원에서도 필요하다는 것을 확인할 수 있다. 미디어의 궁극적 소비자가 국민인 만큼 그 국민을 향해 질높은 정보 제공은 언론 존재의 이유이자 목적이기 때문이다.

04

미디어 비평의 조건

미디어 비평의 조건에는 적어도 다섯 가지가 있다. ▲ 공정해야 한다. ▲ 주관적이더라도 사실(fact)에 근거해야 한다. ▲ 정치적 편향성이 없어야 한다. ▲ 논리적 타당성을 가져야 한다. ▲ 비평의 기준, 즉 언론법과 언론윤리, 알권리 등의 구체적 기준 위에서 비평이 진행돼야 한다. 비평은 주관적일 수밖에 없고 절대 '내 말만 옳다'는 명제는 성립되지 않는 만큼 논란의 소지를 안고 있다. 이를 최소화하기 위해서도 비평 조건은 명쾌한 기준과 원칙 위에 이루어져야 한다.

우리나라 신문사는 대체적으로 정파성이 강한 편이다. 공영방송 역시 방송사 사장에 따라 정파성이 노골적으로 나타나곤 했다. 신문사에 따라 보수·중립·진보 등으로 나눌 수 있으며, 이를 우파 혹은 좌파 등으로 분류할 수 있을 정도로 논조에 분명한 색깔을 드러낸다.

신문사가 자기 색깔을 갖고 있는 것은 자연스럽다. 정치적 입장을 갖는 것도 자유민주주의 사회에서 용인되고 있다. 정치색과 달리 이념적으로 우파·좌파로 나누는 데는 여전히 논란이 있다. 이런 논란 속에 미디어 비평은 엄격한 중립성을 지키기 위해 노력해도 '편가르기'라는 비판을 받을 수 있는 소지가 있다. 그것은 언론사마다 갖는 자기 색깔에 대해 스스로 합리화하거나 나름 정당성을 갖추고 있기 때문이다.

그래서 미디어 비평의 영역은 더욱 협소해지고 더욱 정밀함을 요구한다. 비평은 자칫 감정싸움이나 매체 간 복수전으로 비화될 가능성이 높다. 미디어 비평 담당기자나 PD, 미디어 전문가 등도 어떻게 미디어 비평의 설득력을 높이고 공감대를 형성할 수 있을까가 가장 큰 고민거리다.

결론적으로 미디어 비평의 존재와 그 목적을 충족시키기 위해서는 반드시 충족시켜야 할 전제조건이 있다. 적어도 다섯 가지 정도는 지켜야 사회적 공감대를 형성할 수 있으며 비평 대상자를 설득할 수 있다고 본다.

첫째, '공정해야 한다'는 점이다. 미디어 비평은 최소한 공정하기 위해 노력했다는 성의라도 보여야 한다. 공정성은 말처럼 지키기가 쉽지 않다. 각자가 요구하는 공정성은 늘 논란거리가 되고 그 기준이 모두 다르다. 공정성을 높이기 위해서는 비평 대상자에게 최소한 반론권을 주는 노력이 동반돼야 한다.

또한 그런 보도를 한 과정의 불가피함이나 취재의 한계를 이해하는 범위 내에서 논리를 전개해야 하며, 특히 형용사나 부사가 들어가는 표현은 절제할 필요가 있다. 사실 관계만 논리적으로 전개하면 되는 만큼 불필요하게 감정을 자극하거나 공격적 표현으로 수치심을 유발할 필요는 없다.

둘째, '주관적이더라도 사실에 근거해야 한다.' 미디어 비평은 주관적 해석과 평가, 주장이 불가피하게 들어가게 된다. 이때 가장 조심해야 할 부분이 사실에 근거하고 있는가 하는 점이다. 사실이라고 내세우는 기록이나 정보, 증언 등이 어느 정도 진실에 기초하고 있는지의 판단은 전문가나 제작진의 몫이다.

평론 영역은 보편적으로 언론 자유가 폭넓게 주어지는 편이지만 사실에 근거하지 않아도 된다는 의미는 아니다. 법적 판단은 차치하더라도 근거가 약할 경우 사실 관계가 불명확할 수 있고, 이 경우 비평은 설득력을 잃고 거꾸로 논란거리가 될 수도 있다. 보도기사에서도 사실이 가장 중요하듯 미디어 비평에서도 사실은 논리를 만드는 핵심이 된다.

따라서 비평 영역이라 하더라도 미디어 비평의 경우 상호 확인(cross check) 과정이 필요하다. 상호 확인은 사실 관계뿐만 아니라 논리성도 이중 확인을 할 정도로 중요하다.

셋째, '정치적 편향성이 없어야 한다.' 한국의 방송이나 신문은 언론윤리강령을 통해 정치적 중립성을 강조하고 있다. 방송은 방송법으로 공정성과 객관성을 강조하고 있을 정도로 철저한 정치적 중립성을 요구한다. 신문은 이와 별도로 정치적 지향성을 서구사회에서는 인정하고 있다. 특정 신문사가 특정 당을 지지 혹은 반대할 선택의 자유가 보장되고 있다. 다만 그것은 사설이나 의견란을 통해 가능하며 보도기사에서는 그렇게 할 수 없도록 하고 있다.

국내 신문사의 경우 스스로 만든 윤리강령에 정치적 중립성을 강조해 놓고 실제 제작에는 사설이나 의견란뿐만 아니라 보도기사에서 정치적 편향성을 노골적으로 드러내곤 한다. 언론학자들 사이에서 "언론윤리강령대로 하든가 언론윤리강령을 고쳐 정치적 선택을 할 수 있도록 스스로 정직하게 정치색을 드러내도록 하라"고 주문할 정도다.

국내 언론사의 정파성은 고질적인 문제로 선거 때마다 선거기사심의위원회, 선거방송심의위원회가 가동되지만 논란이 그치지 않고 있어 정치적 중립성을 지키기가 쉽지 않다. 현실이 이렇다 하더라도 미디어 비평의 전제조건은 정파성에서 분명한 거리를 두어야한다는 점이다. 그렇게 해도 정치적 편향성이라는 비뚤어진 잣대로 스스로의 정파적 보도를 옹호하고 미디어 비평을 거꾸로 비판하는 경향이 있다. 판단은 독자에게 맡길 수밖에 없다.

넷째, '논리적 타당성을 가져야 한다.' 논리는 설득의 무기다. 특히 전문 영역에서 논리적 일관성이나 논리적 사실 제시는 상대의 변명을 무력화시키는 힘이다. 논리가 비약되거나 논리의 허점이 보이면 미디어 비평은 역공을 당하게 되고 신뢰도는 한번에 떨어질 수 있다.

말로는 논리적 타당성을 주장할 수 있으나 실제로 이렇게 하기가 어렵다. 한 가지 사례를 들어보자. 다음 사례는 10여 년 전 일이지만 이와 유사한 '군의 영웅 만들기'식 보도는 이어지고 있다. 보도의 진실성을 확인하는 데 사실 관계를 살피고 이와 함께 논리적 타당성을 따져보는 것이 순서다. 인용한 미디어 비평은 필자가 군의 일방적 보도자료를 가지고 기사화한 내용의 논리적 비약을 문제삼은 것이다.

소설은 논리도 사실도 따지지 않지만 뉴스는 사실과 그 사실의 출처, 논리의 일관성과 타당성 등을 반드시 확인해야 하는 차이점이 있다.

사실 확인 건너뛴 '살신성인 신화' 만들기

기사입력 2006-05-11 14:12 | 최종수정 2006-05-11 14:12

[미디어 오늘 : 김창룡 인제대학교 교수]

신화 만들기나 영웅 만들기를 즐기는 언론, '멋진 기사'로 감동을 주고 싶은 기자들은 '저널리즘'보다 차라리 소설을 택하는 것이 낫다.

지난 5월 5일 어린이날 수원 공군비행장에서 발생한 에어쇼 항공기

추락사고 소식을 전하는 기사를 분석하다 보면 보다 분명해진다. 하나의 추측이 어떻게 사실로 변하고, 사실에서 어떻게 신화로 발전하게 되는지 극명하게 나타난다.

연합뉴스 기사를 받은 인터넷 한겨레는 '수원 비행장서 에어쇼 중 곡예기 추락, 조종사 사망… 관람석 추락 막으려 비상탈출 포기한 듯'이라고 제목을 달았다.

똑같은 연합뉴스 기사를 제공받은 내용의 글이 조선일보에 와서는 더 비약한다. '관람석 피하려 비상탈출 않고 조종간 사수한 듯'. 역시 추측이지만 좀 더 자극적이고, 직접적으로 관람석에 추락하지 않기 위해 비상탈출을 포기했다고 주장한다.

이제 이 내용은 그동안 군 관련 사고에서 수도 없이 나타났던 '민가를 피하라', '살신성인' 등과 함께 어울려 국민일보 쿠키뉴스 등 인터넷판에서는 아예 멋진 신화 창조의 감동 스토리로 둔갑했다. '조종간 붙잡고 산화… 재난 막은 살신성인'. 얼마나 멋진 제목인가.

연합뉴스가 처음 전한 기사는 "어린이날을 맞아 수천 명의 가족 단위 관람객들이 지켜보는 가운데 수원 공군비행장에서 진행되던 에어쇼 도중 항공기가 추락했다. 하마터면 대형 참사로 이어질 뻔했지만 추락 장소가 활주로여서 숨진 조종사 이외에 사상자는 없었다"라고 단순 사실을 전하고 있다.

문제의 핵심은 기사 내용 중 한 공군 관계자의 추측에서부터 발전된다. 연합뉴스는 이 부분을 이렇게 보도했다.

"공군 관계자는 '기체에 가속도가 붙은 상태에서 곡예비행을 하고 있던 터라 비상탈출을 했을 경우 기체가 관람석으로 추락할 수도 있다는 판단에 따라 끝까지 조종간을 잡고 있었던 것으로 추정하고 있다'고 말했다."

연합뉴스는 공군 관계자라는 익명의 취재원을 인용해 "…끝까지 조종간을 잡고 있었던 것으로 추정하고 있다"고 추측을 단순 인용했다. 이런 익명 취재원의 일방적인 주장에 기자가 회의하고 사실 관계를 확인하기보다 일방적으로 인용하는 위험한 기사쓰기를 하고 있다.

설혹 취재원이 '그게 사실'이라고 주장했더라도 그 사실을 분석·재확인해야 하는 것이 기자의 일이다. 취재원의 주장을, 그것도 추정에 바탕을 둔 내용을 일방적으로 '홍보'하는 것은 기자가 가장 경계해야 할 일 아닌가.

미국의 '전문기자(professional journalists) 보도준칙' 1항은 이렇게 강조하고 있다. "모든 취재원이 제공하는 정보의 정확성을 확인하고 예기치 못한 실수를 피하라. 의도적인 왜곡은 결코 용납될 수 없다." 한국 언론윤리강령에도 취재원의 일방적 주장이나 추측은 경계하도록 규정하고 있으며 취재원을 익명으로 하는 경우를 극히 제한하고 있다.

그는 과연 탈출할 수 있었는데도 기체가 관람석에 추락하는 것을 막기 위해 끝까지 조종간을 잡고 버텼는가? 아니면 돌발적 상황에서 관람석 추락과는 무관하게 산화한 것인가? 보도 내용이 진실일 수도 있고 아닐 수도 있을 경우 저널리즘에서는 보도하지 않는 것이 정도다. 그런 도박은 책임 있는 저널리즘에서는 지양해야 하기 때문이다.

이후에 나타나는 글들도 그가 얼마나 훌륭한 조종사였으며 공사를 몇 등으로 졸업했는지 등 미화와 찬양으로 죽음을 추모하고 있다. 안타까운 죽음을, 그리고 그의 인간미를 보도하는 것은 별개 문제다. 어쩌면 사소할 수 있는 이런 언론의 군 관련 잘못된 보도 관행은 단순히 여기서 그치지 않는다는 점을 주목해야 한다.

황우석 사태로 그렇게 철저하게 농락당한 쓰라린 경험이 있는 한국 언론이 여전히 취재원의 말에 의존하고, 일방적 주장과 추측에 회의 없이 동조하는 행태는 고질적인 문제다. 관급 취재원에 의존하는 무책임하고 무성의한 보도와 추측이 사실에 앞서는 보도는 선진 한국 언론의 적이다.

기자들이여! 제발 일방적 주장에 대해 다시 묻고, 추측을 경계하고, 사실에 충실해 진실에 접근하라.

다섯째, 미디어 비평은 '비평의 기준, 즉 언론법과 언론윤리, 알 권리 등의 구체적 기준 위에서 비평이 진행돼야 한다.' 너무나 상식적인 이야기지만 법과 윤리를 모두 지키면 보도하지 못하는 상황이 발생할 수도 있다. 공익적 차원에서는 보도해야 하지만 인격권 보호 차원에서 보도하면 곤란한 상황에서 판단하기가 말처럼 쉽지 않다.

언론법과 윤리 등을 지키지 않았다는 이유로 비평을 하기란 쉽다. 그러나 불법취재, 보도를 했지만 공익적으로 사회에 큰 긍정적 효과가 있었다면 이를 어떻게 봐야 할까. 따라서 미디어 비평은 이런 문제를 종합적으로 따져봐야 하기 때문에 누구나 쉽게 할 수 있는 영역은 아니다.

특히 언론관련법은 비록 취재 과정에 위법한 사항이 있었더라도 ▲ 당시 다른 취재수단이 없었고, ▲ 공공의 성격이 강하고, ▲ 공익적으로 높은 가치를 가진 사안의 경우에는 죄를 묻지 않는 경우도 있다. 이를 좀 더 구체화한 것이 형법 제310조 위법성 조각 사유(법을 위반했지만 면책한다)다.

위법성 조각 사유는 언론인들의 면책 조항에 해당한다. 물론 여기에도 최소한 세 가지 전제조건이 있다. ① 보도할 당시 진실이라고 믿었을 것, ② 반드시 공공성이 있는 사안일 것, ③ 공익적 가치가 높다고 판단할 만한 사안일 것 등이다.

대법원은 이런 정도로도 국민의 알권리를 위한 언론인의 노력을 충분히 보호하지 못한다고 판단해 '상당성 원리'를 도입하여 "보도할 당시에 진실이라고 믿을 상당한 이유가 있었다"면 처벌하지 않는다는 판례를 만들었다. 말하자면 언론인이 비록 훗날 오보나 잘못된 보도로 판명나 재판에 오더라도 보도할 당시에는 진실이라고 믿을 만한 상당한 이유, 예를 들면 당시 취재노트, 증인의 증언, 다른 매체의 보도 등 상당한 이유를 제시할 수 있다면 죄를 묻지 않는다는 것이다.

그렇다 하더라도 '상당성 원리'는 주관적 판단이 좌우되기 때문에 법원에서는 언론인이 진실에 접근하기 위해 '어느 정도 취재 성실의 의무'를 다하였는지를 핵심적으로 본다. 소문이나 지라시 수준의 근거가 박약한 자료를 바탕으로 추가 취재 없이 짐작으로 보도했을 경우 이를 상당한 이유가 있다고는 판단하지 않는다.

따라서 미디어 비평은 언론법과 언론윤리강령 등 취재 보도의 가이드 라인 역할을 하는 기준을 바탕으로 접근하여 과정과 결과, 그 파급효과까지 동시에 판단해야 하는 어려운 작업이다. 그런 만큼 미디어 비평에는 제약 혹은 함정이 많다. 다음 장에서 그런 내용을 좀 더 깊이 살펴보겠다.

05

미디어 비평의 함정

미디어 비평은 반드시 필요하지만 제약 또한 만만치 않다. 그 대상이 언론인, 언론사 사장 등이 주를 이루는 만큼 은밀한 내부 문제를 공론화하게 되면 당연히 치부가 드러나거나 불합리한 요소가 공개되기 때문에 이를 달가워하지 않는다. 기자들은 동료를 비판하는 미디어 비평 프로그램을 맡지 않으려 한다. 맡더라도 비평의 구체성, 예리함을 드러내는 데 주저하게 된다. 미디어 비평은 언론사의 정직성, 용기, 대중을 위한 서비스의 투철한 프로정신, 상업성을 넘어서는 공익성이 시험대가 되는 만큼 모든 것이 제약 요소로 작용한다.

수신료로 운영되는 공영방송을 제외하고 모든 방송과 신문은 경제적 이익을 창출해 내야 하는 기업이다. 그러나 이 기업은 국민의 알권리를 기반으로 공익적 사업을 한다는 특수성을 갖고 있다. 말하자면 '돈도 벌어야 하는 사기업'이면서 '공익적 가치도 추구해야 하는 공기업'이라는 이중적 성격이 강한 기업이라는 데 원천적인 문제를 지니고 있다.

상업성과 공익성, 사주의 이익과 국민의 이익, 광고와 정보, 과장과 절제, 편법과 원칙 등이 혼재될 수밖에 없는 이중적 기업이 바로 언론사. 민영방송은 광고라는 주수입원을 확보하기 위해 시청률이나 상업주의에 함몰되는 경향이 있다. 신문사의 경우도 광고 확보를 위해 보도를 희생하거나 왜곡까지 시키는 경우도 있다.

종합적으로 언론사의 존재 방식과 경영 행태는 바로 그 언론사의 신뢰도와 직결된다. 미디어 비평은 언론사의 지나친 상업적 이익 추구 과정에서 드러나는 일탈, 편법, 불법을 고발하고 공익적 가치에 더 충실하도록 제어하는 역할을 한다. 여기에도 최소한 세 가지 장벽이 있다.

첫째, 언론사 사주에 대한 비판, 감시는 쉽지 않다는 점이다.

미디어 비평은 언론인에 대한 비판뿐만 아니라 언론사 사주에 대해서도 똑같은 기준과 논리로 비판할 수 있어야 한다는 것이 원칙이다. 그러나 자기 회사 사장이나 그 친인척의 불법과 탈법을 지적, 비판하기란 현실적으로 쉽지 않다. 타사 사주도 마찬가지다. '동업자 봐주기' 관행은 한국 언론사의 일종의 전통처럼 때로는 강하게 혹은 약하게 이어져 오고 있다. 언론인의 향응이나 촌지수수 문제는 미디어 비평에서 주요하게 다뤘고, 2016년부터 시행된 부정청탁금지법(김영란법) 시행 등으로 상당히 개선됐다. 언론사 사주는 더 높은 도덕성과 언론윤리관이 요구되지만, 언론권력화한 현실에서 법조차 접근이 쉽지 않은 모양새다.

정부로부터 많은 광고 수주나 방송 특혜 등을 기대하는 신문사의 경우, 대통령이 누구냐에 따라 적극적으로 홍보하거나 적극적으로 비판하는 등 지면의 사유화는 여전한 논란거리다. 언론사 사주에 대한 감시도 미디어 비평 영역이지만 여전히 한계로 남아 있다.

둘째, 권력에 대한 감시는 여전히 미디어의 숙제로 남았다.

이명박, 박근혜 정부에서 대통령과 국민은 소통이 중단됐을 정도였다. 한 사람은 불도저를 자처하며 일방적 지시와 발표만 했고, 또 한 사람은 관저에 칩거하며 장관도 수석도 만나지 않고 서면 보고로 일관하다시피 했다. 청와대 출입기자들은 여기에 항의조차 하지 못했고 미디어 비평은 이를 제대로 고발하지 못했다. 《미디어 오늘》과 《미디어스》 같은 미디어 전문지들은 '청와대 출입기자들의 직무유기'에 대해 비판의 글을 내놓았으나 대중적 파급효과는 의문이었다.

정치권력의 압력 때문이었든 언론의 자발적 협력에 따른 결과였든 국민의 알권리는 훼손됐고 미디어 비평은 실종됐다. 대통령이 기자회견을 하면서 질문을 받지 않아도 이를 항의하지 못하는 기자들은 기자가 아니다. 대통령이 공식석상에 모습을 자주 드러내지 않고서면 보고로 일관해도 침묵하는 기자, 언론사는 국민의 알권리라는 본업을 팽개친 것이나 다름없다. 이를 비판하는 것이 바로 미디어 비평이다. 대통령에 따라 언론 자유의 정도가 오락가락한다는 것은 권력의 잘못 이전에 언론사 스스로에게 더 큰 문제가 있음을 반증한 것이다.

셋째, 동료 언론인에 대한 비평은 미디어 비평의 숙명적 한계다.

언론사 내부에서 '미디어 비평'을 담당하는 기자는 대부분 곤혹스러워한다. 다른 부서로 배치되면 자신도 그 비평 대상이 되지만 당장 동료 기자를 비평해야 하는 자리를 원하지 않는 편이다. 특히 한국처럼 공사 구분이 잘 안 되고 술자리로 선후배 의식이 강한 언론 문화에서 호평이 아닌 비판은 인간적 관계 단절로까지 이어질 위험성이 있어 이를 달가워하지 않는다.

동료 기자가 아니라 타사 언론인이라 하더라도 비판하기가 쉽지 않다. 한국처럼 학연, 지연, 혈연 등이 인간관계의 핵심을 이루고 언론사 내부의 군대식 선후배 관계는 일반인의 상상을 초월한다. 비평은 선후배, 연고의식 등을 초월해야 한다. 인간적 외톨이를 감내하지 않으면 말처럼 정직하게, 투명하게 미디어 비평을 해내기 쉽지 않다는 뜻이다.

넷째, 재벌에 대한 비판 보도의 어려움은 미디어 비평에서도 똑같이 나타난다.

재벌 권력이 주는 광고는 언론사 주수입원의 가장 큰 부분을 차지하고 있다. 삼성, LG, 한화 등 재벌에 대해 비판적 보도보다 우호적 보도나 홍보성 보도가 많은 데는 분명한 현실적 이유가 있다. 물론

재벌을 무조건 비판해야 한다는 것은 아니다.

재벌은 단순히 광고만 주는 거대 기업이 아니라 내부 홍보실을 통해 수시로 언론사와 접촉을 갖고 긴밀한 협조, 동업체계를 형성하는 노력을 한다. 이것이 경영의 한 수단일 수 있으며 이를 나쁘게 볼 필요도 없다. 그러나 언론사 입장에서 홍보와 정보를 어떻게 구분하며 일정 거리를 유지할 것인지는 기자와 언론사의 몫이다. 뛰어난 로비력을 갖춘 재벌은 또 다른 무기도 갖고 있다.

법적 대응이라는 무서운 무기다. 재벌 내 막강한 변호사 군단을 동원하여 특정 언론사, 언론인을 상대로 법적 대응 엄포만 놔도 언론사는 알아서 자기통제, 자기위축 효과를 가져온다. 재벌의 역할을 존중하는 문제와 그 재벌을 감시, 견제하지 못하는 언론에 대해 국민 입장에서 바라보는 노력은 미디어 비평의 주요 역할이지만 현실의 한계는 생각보다 높다.

마지막으로 종교집단은 미디어의 성역으로 남아 있다.

언론사 기자들이 가장 취재, 보도하기 어려워하는 분야가 종교 영역이다. 성직자들의 세습 문제, 불법 등은 사회적 문제로 비화되지만 다루기가 쉽지 않다. 종교인 세금 문제 역시 종교 영역이 아니라 세속의 문제지만 언론인들이 보도하는 데 어려움을 경험한다. 언론이 보도하기 어려워하는 주제는 미디어 비평에서도 제대로 다루기 쉽지 않다는 뜻이다.

종교집단의 맹목성과 방송사 강제진입이나 과도한 시위, 심지어 언론인이나 언론사 협박까지 취재 영역에서 가장 부담스럽게 만들고 있다. 종교 영역은 배타성과 맹목성, 비타협성 등의 이유로 문제도 많지만 이를 보도하는 데 원천적인 제약을 갖고 있다. 이를 미디어에서 보도, 비평하는 것을 두렵게 만드는 것은 '언론의 자유'와 '표현의 자유'를 심대하게 훼손하는 결과가 된다.

그러나 현실에서 언론인들에게 종교 관련 보도는 여전히 제약으로 남아 있다. 종교인들의 수와 종교단체의 각종 문제점에 비해 상대적으로 미디어 보도는 미미하며 미디어 비평은 이런 문제를 여전히 한계로 보고 있다.

06
미디어 비평과 공영방송

미디어 비평은 상업성이 강한 신문사나 민영방송사보다 공익성이 높은 공영방송 KBS, MBC 등에서 잘 할 수 있는 조건을 갖추고 있는 셈이다. 수신료로 운영되는 만큼 국민의 눈치만 보면 되기 때문이다. 정치권력이나 언론재벌, 경제권력 등의 견제에서도 가장 자유로울 수 있는 독립적 미디어 비평 프로그램을 만들어 미디어 소비자에게 서비스할 수 있는 최적의 언론사는 바로 공영방송사다. 미디어 비평이 갖는 제약이나 한계를 넘어 그 조건을 충족시켜 국민의 알권리를 충실히 수행할 수 있기 때문이다.

공영방송에서 미디어 비평은 네 가지 강력한 장점이 있다. ① 동종, 이종 매체에 대한 감시, 견제가 수월하다. ② 시청률에 보다 자유롭다. ③ 시청자 주권시대를 선도할 수 있다. ④ 효율적인 언론 자율 규제 기구로 기능할 수 있다.

선진국에서 공영·민영 방송체제를 채택하는 것은 방송의 공익성과 함께 방송의 흥미와 다양한 채널권 확보라는 두 개의 목표를 동시에 충족시키기 때문이다. 특히 공영방송은 상업방송과 달리 국민의 알권리 수호의 수호신 역할을 기대하고 있다.

상업방송이 기업 등의 광고 수익으로 운영되기 때문에 방송의 상업성과 시청률 지상주의에서 벗어나지 못하는 만큼 국민의 알권리 서비스는 보장되기 힘든 측면이 있다. 이를 보완하고 공익적 가치를 최우선에 두도록 국민이 직접 수신료를 지불하여 운영, 위탁한 것이 공영방송이다. 공영방송의 주인은 바로 국민이다.

따라서 공영방송은 국민을 위한 프로그램, 국민의 정직한 알권리를 위해 가장 공익적인 프로그램을 만들어야 할 책무가 있다. 그러나 한국의 현실은 그렇지 못했다.

MBC가 2001년 미디어 비평을 시작했고, KBS는 2003년 '미디어 포커스'라는 프로그램으로 미디어 비평 시대를 활짝 여는 듯했다. 공영방송의 미디어 비평은 당시 김대중 정부에서 조사한 대형 신문사, 종교재단의 신문사 등에서 대형 탈세 문제와 방송과 신문의 밀월 관계 등을 고발하며 큰 이슈를 만들어 냈다. 이를 미디어 비평에서 보도와 논평, 후속보도 서비스 등을 종합적으로 했다.

노무현 정부에서도 미디어 비평 프로그램은 활성화됐다. 언론 자유는 선진국 수준으로 올랐다. '국경 없는 기자회' 기준으로 국내 언론사상 처음으로 세계 30위권대에 진입했다. 이는 노무현 전 대통령이 '정치는 정치의 길로, 언론은 언론의 길로' 라는 국정철학을 견지했기 때문에 권력의 언론 통제, 방송 통제는 있을 수 없었다.

그러나 이명박 정부 출범과 함께 미디어 비평 같은 시사프로그램은 밀려나기 시작했다. MBC PD수첩 등이 타깃이 되었고, 미디어 비평도 존재했으나 형식적 이름만 존재하는 식으로 존재감을 잃어갔다. 이는 박근혜 정부에서도 변함이 없었다. 대부분 매체에서 미디어 비평은 사라져 갔다.

KBS는 논란 끝에 2016년 '미디어 인사이드'를 폐지했다. 시사프로그램은 사라지고 연예, 오락 위주로 재편됐다. 공영방송의 장악이라는 말과 함께 공영방송의 몰락은 끝이 보이지 않았다.

'박근혜 최순실 게이트' 파문에 따른 국민의 촛불시위에 이어 헌법재판소의 박 전 대통령 파면은 다시 역사의 변곡점을 가져왔다. 2017년 조기 실시된 대선에서 문재인 대통령이 선출됐다. 이와 함께 공영방송의 몰락을 가져온 사장들의 잇단 퇴진은 새로운 변화를 가져왔다.

공영방송이 이처럼 권력자의 언론관, 언론정책에 따라 오락가락하는 행태는 한국이 아직 민주주의 체제를 제대로 정비, 안착시키지 못했다는 반증이다. 공영방송의 미디어 비평은 제4부로 불리는 언론에 대한 내부 감시 역할로 국민을 위한 국민의 대표적인 프로그램이다.

국민의 수신료로 운영되는 공영방송이 미디어 비평 프로그램을 상설화해야 하는 이유는 최소한 네 가지로 정리할 수 있다.

첫째, 공영방송은 동종, 이종 매체에 대한 감시와 견제를 가장 잘할 수 있는 조건을 갖췄기 때문이다. 상업적 이익이나 권력의 압력, 회유에도 자유로운 안정된 신분이기 때문에 공정한 보도, 평가를 내릴 위치에 있는 장점이 있다. 특히 신문사 사주나 경영자의 일탈이나 권력과의 결탁 등은 공영방송이 국민의 시선으로 비판, 감시해야 할 사명을 동업자의 눈치를 보지 않고도 가장 잘할 수 있다.

둘째, 공영방송은 시청률에서 보다 자유롭다. 민영방송은 시청률이 저조할 경우 광고 수익과 직결되기 때문에 프로그램 유지가 쉽지 않다. 공영방송은 시청률이 떨어지더라도 공익적 가치가 분명하고 공공성이 높을 경우 존재해야 할 명분을 내세울 수 있다.

모든 프로그램의 PD, 기자 등 제작진은 공통적으로 시청률에 민감하다. 아무리 잘 만들더라도 국민이 보지 않으면 존재 이유가 떨어진다는 논리 때문이다. 옳은 말이긴 하지만 공영방송에서조차 그런 논리는 반드시 적용되어야 하는 것은 아니다. 보고 싶고 흥미성 높은 프로그램도 필요하지만, 흥미성은 좀 떨어져도 보고 알아야 할 프로그램이 필요하다. 소위 시사프로그램은 공익적 가치가 가장 우선시되기 때문에 시청률만으로 평가해서는 안 된다. 그런 논리가 가장 잘 통용되는 곳이 공영방송사다.

셋째, 시청자 주권시대를 선도할 수 있다. 그동안 방송은 방송 소비자에게 일방적으로 전달하는 역할에 머물렀고, 시청자 참여 프로그램은 상대적으로 미약했다. 방송법으로 옴부즈맨 프로그램을 일주일에 한 시간씩 편성, 보도하도록 하였으며, 이는 시청자 참여 및 비평 프로그램의 상설화를 위해서였으나 운영될수록 그 취지가 무색해지고 있다.

방송시간을 시청자가 보기 힘든 이른 새벽이나 늦은 밤에 배치하기도 한다. 게다가 내용을 자기비판이나 감시라기보다는 자사 홍보나 소개 프로그램으로 가끔 악용하는 경우도 있어 비판을 받기도 한다.

따라서 공영방송의 미디어 비평은 이런 안팎의 프로그램을 종합적으로 비판, 감시하는 역할을 하게 된다. 입체적으로 견제 시스템을 구축해야 시청자 참여와 소위 방송 주권을 확보할 수 있다.

마지막으로 공영방송의 미디어 비평 프로그램은 '미디어에 의한 미디어의 견제'로 내적 자율 규제 장치로 활용 가능하다. 언론 자유는 법으로 강제할 경우 부작용이 수반되기 때문에 법이라는 타율 규제보다는 자율 규제를 최우선으로 한다. 이는 모든 선진국의 공통 사항이다. 문제는 자율 규제 기구가 존재하지만 언론사 스스로 자율 규제에 잘 따르지 않기 때문에 사회 문제 혹은 법적 문제로 종종 비화한다.

이를 예방하는 차원에서 미디어 비평은 언론사의 윤리적 문제, 취재 관행 문제, 권력과의 유착 문제 등을 점검, 공론화하는 것이다. 모든 문제를 법으로 처리하려 할 경우 언론은 스스로 언론 자유를 옥죄는 결과를 초래할 위험에 빠질 수 있다. 따라서 미디어 비평은 공영방송사가 실행하기 가장 적합한 국민을 위한 프로그램이다.

이제 공영방송사뿐만 아니라 신문사를 포함, 전문지 등이 미디어 비평을 해야 할 명분과 의의에 대해 포괄적으로 살펴보겠다.

자유민주주의 사회에서 미디어 비평의 존재 의의는 다섯 가지로 정리된다. ▲ 건전한 미디어 상호 비평을 통해 저널리즘의 발전을 기대할 수 있다. ▲ 한국 언론 역사와 함께 해 온 권언유착, 정언유착, 경언유착, 촌지수수와 향응 등 언론의 오래된 폐습을 공론화, 개선하는 데 기여한다. ▲ 특종 과욕이나 미디어 상업성으로 빚어지는 인격권 침해에 대한 비평으로 보도의 신중성과 책임감을 강화할 수 있다. ▲ 미디어를 자율적으로 감시, 견제함으로써 미디어가 현대 사회에서 명실상부한 제4부로 기능할 수 있는 윤리적 기반을 마련해 준다. ▲ 오보의 확산을 막고 왜곡된 보도의 실체를 규명함으로써 국민의 정확한 알권리를 보장, 바른 여론을 선도할 수 있다.

미디어 비평의 의의는 공영방송편에서 부분적으로 다뤘지만 여기서는 한국 언론과 정치, 사회 전반적으로 그 의의를 넓혀 살펴보겠다.

민주주의 기본정신이 권력 분산과 상호 견제, 감시 시스템으로 운영되는 원리라는 측면에서 미디어 비평은 미디어의 과도한 개입이나 불법 행태를 내적으로 감시, 견제하는 민주주의 실천 시스템이다.

실제로 언론계 내부에서는 미디어 비평에서 자신들의 보도를 어떻게 다룰지 매우 조심스럽다는 반응이 주를 이뤘다. 이는 그만큼 미디어 비평 프로그램 존재만으로도 언론의 책임성과 신중성, 정확성 등을 담보하는 자율 규제 역할을 수행하고 있다는 뜻이다.

한국 언론의 역사를 보면 일제시대에 창간된 한성순보는 정부의 관보로 출발했다. 시민들의 자발적인 알권리 차원에서 미디어가 탄생한 것이 아니라 일방적 정보 전달 차원에서 정부의 필요에 의해 만들어진 것이다. 이는 언론의 관변화, 정부 의존을 당연시하도록 만들었고, 그런 전통은 21세기 들어와서도 정부와 관변단체의 광고와 보도자료 등에 의존하도록 만들었다.

1945년 해방 후 초대 이승만 정권 시대 그의 언론 자유 정책에 따라 초기에는 언론 자유를 누리는 듯했지만 독재로 가면서 언론 탄압이 시작됐다. 결국 1960년 4·19 시민혁명에 의해 독재정권은 막을 내렸지만 이 과정에서 언론 자유는 사이비 언론을 양산시켰고, 언론 탄압은 저항 언론을 키웠다.

1961년 5·16 군사쿠데타는 박정희 정권의 출범을 알렸다. 1978년 10·26사건으로 유신독재정권을 끝낼 때까지 한국 언론은 '채찍과 당근' 정책에 길들여져 있었다. 박 정권은 언론 통폐합 등을 통해 언론사와 언론인들을 '권력의 동반자', '국가발전의 수단'으로 삼았다. 저항 언론사는 폐합으로, 저항 언론인은 해고나 감옥으로, 협력 언론사에는 각종 특혜와 지원 정책을 실시했다.

이 과정에서 언론사는 '언론 카르텔'이라는 것을 불법으로 만들어 언론사 신규 진입을 막았다. 조선일보, 중앙일보, 동아일보, 한국일보, 서울신문 등 5개 신문사 외에 거의 20여 년 동안 새로운 신문을 창간할 수 없었다. 언론악법으로 알려진 '언론기본법'은 실질적으로 정부의 언론사 허가제로 신문 발행의 자유가 권력자의 손에 쥐어져 있도록 했다.

정부에 협조하는 언론인들은 관변 기자실을 중심으로 기자단을 형성했다. 기자단은 '술과 촌지, 여자' 등의 당근 전략으로 무력화시키는 집중 대상이 됐다. 이 시기를 언론 암흑기로 표현하는 것은 언론은 존재했지만 권력의 도구로 전락한 언론사, 권언유착의 나쁜 전통을 확립한 시기로 보기 때문이다. 또한 언론인들은 저항과 협력이라는 양극단에서 탄압과 특혜로 극명하게 갈렸다.

박정희 정권에 이어 전두환 군사정권도 언론 통폐합으로 언론부터 길들이기에 나섰다. 과거 언론 통폐합 경험이 있는 언론사들은 의외로 쉽게 권력에 순응했다. '땡전 뉴스'는 일상화됐고, 모든 신문의 전두환 영웅 만들기, 우상화 보도가 지면에 넘쳐났다.

전두환 군사정권에 협조한 신문사는 재정적 지원 속에 대형화를 이뤘다. 언론인들은 청와대 수석, 장관, 국회의원 등으로 권언유착을 더욱 공고화했다. 진실은 훼손됐고 알권리라는 단어는 사치스러울 정도였다. 고 김수환 추기경은 이 시기를 이렇게 표현했다.

"국민은 있으나 주권이 없고, 신문과 방송은 있으나 저널리즘은 없다."

얼마나 정곡을 찌르는 말인가. 언론학자들은 전두환 정권 시대를 역시 '언론의 암흑기'로 표현한다. 박정희 정권 시기와 같은 표현이지만 전두환 시대 때 언론은 더 나빴다는 혹평을 한다. 그 이유는 박정희 정권의 강압적 언론 통제는 어쩔 수 없이 따랐다고 한다면, 전두환 정권 때는 언론사 스스로 권력의 도구화가 되면서 특혜를 챙겼기 때문이라는 분석이다.

노태우 정권이 들어선 1988년 한국 언론사에서 일대 혁명이 일어났다. 언론악법으로 불린 언론기본법이 폐지되면서 언론 설립의 자유가 시작되었고, 이때부터 언론 자유 시장이 활짝 열렸다. 언론사 간 경쟁이 시작되었다. 그러나 권언유착의 역사는 이때도 이어졌다.

김영삼 정권이 들어서면서 '언론 장학생'이란 단어가 새롭게 등장했다. 신문사 편집국장, 논설주간 등 고위 간부들이 그동안 우호적 보도, 불공정 보도를 한 대가로 장·차관으로 청와대 수석, 국회의원으로 대거 자리를 이동했다. 이들을 언론은 '김영삼 언론 장학생'이라고 불렀다.

김대중 정부에서는 그동안 불법과 탈법, 특혜 논란 등으로 시비가 끊이지 않던 신문사에 대한 대대적인 세무조사가 실시됐다. 탈세와

탈루, 불법행위가 드러나자 이때부터 조중동 등 대형 신문사는 김대중 정부를 적대적으로 보도하기 시작했다. 뒤이은 노무현 정부의 출범에도 언론사 특혜 정책은 없었다.

노무현 전 대통령은 대통령 후보 경쟁 시절 조중동의 노골적인 선거 개입에 대해 "조선, 동아는 선거에서 손을 떼라"고 공개적으로 언론사를 상대로 목소리를 높이기까지 했다. 그가 대통령에 취임하자 첫날부터 조중동의 비판과 비난이 뒤섞인 지면 제작은 그가 퇴임 이후 죽음에 이르기까지 계속되었다.

2008년 이명박 정권이 들어서자 조중동은 일제히 환영했다. 정권교체와 함께 '대통령을 만드는 신문'이라는 조선일보와 함께 중앙, 동아도 이 전 대통령을 미화하고 찬양하는 데 앞장섰다. 조중동에게는 미디어법을 개정하면서까지 '종합편성채널'이라는 방송사 경영 특혜를 선사했다.

언론과 권력의 역사를 간략히 되돌아봐도 그동안 언론사 사주와 고위 간부를 포함한 권언유착의 문제, 언론인들의 촌지와 향응 등 윤리적 문제가 얼마나 장기간 지속됐으며 왜 쉽게 극복되지 못했는가를 알 수 있다. 미디어 비평은 바로 이런 잘못된 언론과 권력의 관계에서 파생되는 문제, 현재에도 여전히 나타나는 언론계 문제들을 감시하고 국민의 눈으로 고발, 시정을 요구하는 마당인 셈이다.

따라서 미디어 비평의 다섯 가지 의의를 정리하면 다음과 같다.

첫째, 군사독재시절에 고착화된 권언유착의 시대를 마감하고,

건전한 미디어 상호 비평을 통해 저널리즘의 발전을 기대할 수 있다. 일방적 홍보나 영웅화 보도는 독재시대의 잔재로 미디어가 개선해야 할 영역이지만 여전히 이런 습성은 한국 언론에서 유지되고 있다. 이를 미디어 비평은 경계해야 하고, 지적해야 할 최적의 프로그램이다.

둘째, 한국 언론 역사와 함께 해 온 권언유착, 정언유착, 경언유착, 촌지수수와 향응 등 언론의 오래된 폐습을 공론화, 개선하는 데 기여한다. '언론 카르텔'은 없어졌지만 그 특혜 의식, 엘리트 의식은 여전히 남아 알권리를 훼손하기도 한다. '언론 장학생'은 없어졌다고 하지만 방송앵커 하다가 청와대로 직행하고, 정부 대변인 하다 거꾸로 언론사로 직행하는 등 언젠가부터 권력과 언론 사이에 경계가 사라졌다. 하루 아침에 비판 대상이 비판의 주체가 되거나 그 역이 되는 상황은, 마치 경기장에 특정팀 운동선수가 심판을 보다가 다시 옷을 갈아입고 선수로 뛰는 등 중립성, 공정성을 원천적으로 해치는 일을 한다. 미디어 비평은 이를 고발하고 공정한 경쟁의 틀을 만들 것이다.

셋째, 특종 과욕이나 미디어 상업성으로 빚어지는 인격권 침해에 대한 비평으로 보도의 신중성과 책임감을 강화할 수 있다. 권력의 부당한 개입에 대한 언론 보호가 필요하듯 언론의 과다한 개인 인격권 침해에 대해서도 미디어 비평은 감시한다. 이는 미디어의 역기능을 경계하고 미디어 수용자 개개인의 인권 보호라는 측면에서 필요하기 때문이다.

넷째, 미디어를 자율적으로 감시, 견제함으로써 미디어가 현대 사회에서 명실상부한 제4부로 기능할 수 있는 윤리적 기반을 마련해 준다. 군사독재시절 미디어는 제4부의 역할을 하지 못했거나 하지 않았다. 자유민주주의 사회에서 언론에 주어진 제4부의 이름에 걸맞는 역할, 걸맞는 윤리관을 갖도록 누군가가 견제, 감시해야 한다. 언론이 권력의 3부를 감시, 견제 역할을 하는 똑같은 논리로 언론역시 내부 감시, 견제가 그래서 필요하다. 따라서 이를 가장 적절하게 정확하게 수행할 수 있는 내부 감시 역할은 신문이든 방송이든 '미디어 비평'으로 꼽힌다.

다섯째, 오보를 지적, 확산을 막고 왜곡된 보도의 실체를 규명함으로써 국민의 정확한 알권리를 보장, 바른 여론을 선도할 수 있다. 군사독재시대에는 언론을 통해 여론을 왜곡시켜 선거에 영향을 미치려 했다. 이명박, 박근혜 정부 시대는 인터넷과 기술의 발달로 신문과 방송만으로는 여론을 좌지우지하기 쉽지 않다고 판단했다. 국방부에 사이버 사령부를 만들고 국정원은 불법으로 댓글공작팀을 운영, 여론 조작을 꾀했다. 이 모든 행위는 국민과 미디어의 관계를 교란시키며 여론을 고의로 훼손하는 시도였다. 국민의 알권리가 심대하게 훼손되는 과정에 언론은 희생자가 됐다. 바로 이런 점을 경계하고 언론 내외 문제와 권력의 불법 행태를 고발하는 데 미디어 비평은 기여할 수 있다.

08
미디어 비평과 SNS 시대

미디어 환경 변화를 주도하는 인터넷과 SNS, 스마트폰은 미디어 소비자들을 간단하게 혼란에 빠트리기도 한다. 스마트폰은 뉴스의 빠른 확산과 소비에 기여했지만, 한편으로는 진위 여부를 알 수 없는 미확인 정보와 가짜뉴스가 SNS를 통해 확산되는 창구 역할도 했다. 그리하여 잘못된 여론을 만들어 무고한 시민을 희생양으로 만들거나 특정 사업자에게 부당하게 피해를 입히는 부작용을 초래하기도 했다. 팩트체크라는 프로그램이 확산될 정도로 미디어 환경 변화는 새로운 미디어 프로그램 개발을 요구하고 있다. SNS 시대 미디어 비평의 미디어 환경 감시는 미디어 소비자 보호를 위해 필수품이 되고 있다.

국가와 국가, 중앙과 지방, 사람과 사람을 이어주는 인터넷, 이를 바탕으로 등장한 SNS는 미디어 환경 변화를 주도하고 있다. 이를 더욱 가속화시키는 것은 손안의 '스마트폰'으로 미디어의 소비 행태까지 변화시키고 있다. 전통 미디어는 이러한 뉴미디어의 기술과 소비 행태를 어떻게 기존 미디어 시장에서 이용할 수 있을지 해결해야 할 과제가 되고 있다.

개방, 참여, 공유를 대표적 가치로 하여 인터넷상에서 자신의 생각, 의견, 경험 그리고 정보를 공유하고 다른 사람들과 관계를 맺고자 하는 것을 목적으로 하는 온라인 플랫폼을 소셜 미디어라고 하는데, SNS가 가장 대표적인 소셜 미디어다. SNS가 활성화되다 보니 이제는 SNS를 곧 소셜 미디어라고도 부른다.

SNS를 연구한 보이드와 엘리슨(Boyd&Ellison)의 정의에 따르면, SNS를 "개인들로 하여금 특정 시스템 내에 자신의 신상 정보를 공개 또는 준공개적으로 구축하게 하고, 그들이 연계를 맺고 있는 다른 이용자들의 목록을 제시해 주며, 나아가 이런 다른 이용자들이 맺고 있는 연계망 리스트, 그리고 그 시스템 내 다른 사람들이 맺고 있는 연계망 리스트를 둘러볼 수 있게 해 주는 웹 기반 서비스"라고 규정했다.

전통 미디어 소비자들은 이제 인터넷으로 연계되어 있고, 웹을 기반으로 일정 정도 서로의 신상 정보까지 공개된 시스템을 구축하여 서로 의견을 교환하거나 미디어가 제공하는 뉴스를 재가공 혹은 의견을 추가하는 행태로 뉴스를 소비하고 있다. 쌍방향 소통도 가능하며 필요할 경우 소비자 집단의 힘으로 뉴스 생산자에게 압력이나 반론을 요구할 수 있는 위치로 바뀌었다.

SNS는 페이스북, 트위터, 인스타그램, 그리고 싸이월드가 있다. 싸이월드는 2000년대 초부터 2010년까지 미니홈피, 일촌, 도토리 등 재치있는 아이디어를 통해 사회현상으로까지 불릴 정도로 폭발적인 성공을 거두었으나 지금은 거의 사용자가 없다. 트위터도 지나친 단순함 때문에 존재감이 흔들리고 있다.

고립과 단절에 따른 개인화가 심화되는 현대 사회에서 사람들은 인터넷이라는 가상현실에서 어떤 방법과 내용으로든 관계를 맺고 정보를 생산하고 공유하기를 원한다. '이미지가 중요하다', '메시지가 중요하다', '짧은 게 좋다', '긴 설명이 좋다' 등의 주장은 하나의 SNS 체제가 등장할 때 사업으로서 그 콘텐츠가 성공할 수 있었던 이유를 설명하는 요인일 뿐, 인간관계의 본질이나 커뮤니케이션에 대한 절대적 진리를 이야기하는 것이 아니다.

이런 인간의 심리와 욕구를 분석하고 파고드는 것이 각종 SNS 등장과 변화를 반영하는 것이다. 뉴스의 관점에서 SNS는 유용함과 위험성을 동시에 지니고 있다. 유용함은 뉴스를 손쉽게 빨리 접근할 수 있다는 점이고, 반대로 그 뉴스의 진위, 과장 여부 등 확인이 쉽지 않다는 단점도 존재한다. 프란치스코 교황마저 SNS 시대 가짜뉴스의 위험성을 이렇게 경고했다. (박스글 참조)

교황이 말한 '가짜뉴스 판별법'은 트럼프 향한 메시지?

프란치스코 교황이 '월드 커뮤니케이션 데이'를 맞아 가짜뉴스에 대한 경고 메시지를 보낸 사실이 알려지면서 미국 언론에서 이 메시지가 도널드 트럼프 미국 대통령을 겨냥한 게 아니냐는 분석이 나오고 있다.

교황청은 24일 '월드 커뮤니케이션 데이에 보내는 교황 성하의 메시지'라며 프란치스코 교황 이름으로 신자들에게 보내는 편지를 발표했다. '진리가 너희를 자유롭게 하리라'는 요한복음 구절로 시작되는 이 글의 주제는 '가짜뉴스와 평화를 위한 저널리즘'이다.

교황은 소통이 "유대감을 경험하게 하기 위한 신의 극히 중요한 계획의 일부"라며 "창조자의 형상대로 지음 받은 우리는 진실하고 선하고 아름다운 것들을 표현하고 공유할 수 있습니다"라고 밝혔다. 이후 교황은 "그러나 우리가 자존심과 이기심에 굴복할 때는, 소통의 능력을 왜곡하는 데 사용할 수도 있습니다. 이는 아주 오래전 카인과 아벨의 이야기에서도 찾아볼 수 있는데, 이는 우리 각 개인과 사회의 상태를 보여 주는 징후"라고 경고했다.

교황은 '가짜뉴스'는 "일반적으로 온라인이나 전통적인 매체를 통해 허위정보를 확산시키는 것을 뜻합니다"라며 "이는 독자를 조종하고 기만하기 위한 목적으로 존재하지 않거나 왜곡된 데이터에 기반한 허위정보를 말하며, 특정한 목적을 진작하거나 정치적 결정에 영향을 주거나 경제적 이익을 도모하려는 의도에 사용될 수 있습니다"라고 밝혔다.

또한 교황은 "가짜뉴스가 효과적인 이유는 진짜뉴스를 흉내 내고 그럴 듯하게 보이기 때문입니다"라며 "또한 이 거짓이지만 믿음직해 보이는 뉴스는 고정관념과 사회적 편견에 호소하고 불안, 분노, 경멸, 좌절 등의 즉각적 감정을 이용해 대중의 관심을 끌기 때문에 효과적"이라고 분석했다. 특히 교황은 "거짓된 이야기들은 너무도 빨리 퍼져서 당국 (또는 당사자)이 이를 부정하더라도 피해를 막을 수 없습니다"라고 경고했다.

창궐하는 가짜뉴스를 식별하기 위한 가이드 라인을 성서 속의 이야기를 예로 들어 설명하기도 했다. 교황은 이를 '뱀의 간교'라고 칭하며 창세기에 등장하는 에덴동산에서 신이 먹지 말라 한 선악과를 이브가 먹도록 꾀는 사탄의 책략을 분석했다. 교황은 인류 최초의 '가짜뉴스'를 전파한 건 뱀의 형상을 하고 이브에게 접근한 사탄이라며 "이 유혹자는 이브에게 친구인 척, 그녀의 안위를 걱정하는 척 접근해 '일부만 진실'인 이야기를 꺼냈다"고 밝혔다.

성서에서 뱀은 이브에게 "신이 너희에게 이 동산에 있는 모든 나무의 실과를 먹지 말라고 하더냐"라고 묻는다. 창세기에서 신은 아담과 이브에게 우리가 '선악을 알게 하는 나무의 과실만 먹지 말라'고 말한 바 있다. 이후 사탄은 신이 '선악과를 먹으면 죽을 것이다'라고 경고한 말에 대해 "죽지 않는다"라며 "신이 이 과실을 먹지 말라고 한 이유는 이걸 먹으면 너희 눈이 떠져 신처럼 선과 악을 구분하게 될 것을 알기 때문"이라며 이브를 꾀었다.

교황은 이브가 이 일부만 진실인 가짜뉴스의 책동에 속아 결국 선악과를 따먹게 되었다면서도 결국 사탄의 꾀임에 넘어가게 된 중요한 이유 중 하나는 인간의 '탐욕' 때문이라고 분석했다.

교황은 가짜뉴스가 범람하는 이유는 소셜 미디어에서 공유되기 때문이 아니라 근본적으로는 '채울 수 없는 인간의 탐욕 때문'이라며 "하나의 거짓말에서 시작해 다른 거짓말로 이어져 우리 내면의 자유를 속박하는 사탄의 기만적 힘은 권력에 대한 갈증, 쾌락과 소유물에 대한 열망에 그 뿌리를 두고 있다"고 밝혔다.

영미권 언론은 교황이 보낸 이 메시지를 트럼프와 연관시키고 있다. 워싱턴포스트는 24일 "트럼프 대통령이 '케이블뉴스네트워크(CNN)'는 가짜뉴스이고 '폭스뉴스'는 진짜 뉴스라고 말한 반면, 교황은 그 말이 사실인지 판가름할 수 있는 방법을 얘기한 것"이라고 전했다. 이어 '워싱턴포스트'는 교황이 말한 가이드를 보면, 트럼프 대통령이 11월에 자신의 트위터 계정에 리트윗한 '무슬림 이민자가 목발을 짚고 있는 네덜란드 소년을 두들겨 패다'라는 영상이 대표적이라고 말했다.

이 영상은 교황이 지적한 모든 요소를 담고 있다. 영상 자체는 사실이었으나 가해자가 이민자가 아닌 것으로 밝혀졌으며(일부만 사실), 당시 무슬림 혐오와 반이민 정서에 불을 붙이려던(즉각적 분노) 트럼프 정권의 '정치적 목적'에 부합했다.

영국 일간지 '메트로' 역시 "트럼프를 언급하지는 않았지만 많은 사람들이 트럼프와 연관이 있는 것으로 본다"고 전했다. 같은 날 교황은 이 편지 일부를 인용해 자신의 트위터에 "허위정보보다 더 해로운 것은 없습니다. 거짓에 대한 믿음은 끔찍한 결과를 초래합니다"라는 글을 쓰기도 했다. '뉴욕데일리뉴스'는 "언어 범죄의 해로움에 대해 트럼프에게 교황이 보내는 메시지"라고 해석하기도 했다.

한편, 트럼프 대통령은 자신이 선정한 '2017년 가짜뉴스상'이라며 10건의 기사를 미국 공화당 누리집을 통해 발표한 바 있다. 이 리스트에서 트럼프는 '트럼프의 대통령 당선으로 인해 세계 경제가 심각한 장기 침체에 빠질 것'이라는 폴 크루그먼의 뉴욕타임스 칼럼을 1위로 꼽았다.

박세회 기자 sehoi.park@hani.co.kr
원문보기 : http://www.hani.co.kr/arti/international/america/829546.
html?_fr=mt2#csidx6d159719d677f3382c81500cdd25d74

특히 가짜뉴스는 SNS를 통해 삽시간에 전파되고 이것이 전통 미디어를 통해 알려지면 더욱 가속화되는 특징이 있다. 가짜뉴스는 대부분 일부 사실을 침소봉대해 전부인 양 호도하는 특징을 갖는다.

사실과 전혀 다를 때도 많다. SNS 등이 가짜뉴스를 실어 나르는 통로 역할을 하고 있다. 선거 때 이런 문제는 더욱 심각하게 나타나 특정 후보에게 유·불리로 나타난다. 팩트체크와 함께 미디어 비평이 나서야 할 주요 문제가 되고 있다. 선거 때가 되면 선거관리위원회가 공식적으로 가짜뉴스 신고센터 채널을 열 정도다.

가짜뉴스가 아니더라도 사람들은 SNS를 통해 전달된 단편적 내용에 감정적으로 대응하는 경향이 강하다. 그 누구도 사실관계를 검증, 확인하지 않기 때문에 시민이 가해자가 되고 시민이 피해자가 되는 양상이다.

예를 들면 2012년 2월 한국 사회를 떠들썩하게 만든 '채선당 임산부 사건'은 SNS 시대의 빗나간 미디어 소비 행태를 보여 주는 대표적 사례라 할 수 있다. 사건의 진상이 밝혀지지 않았음에도 SNS 공간에서는 임산부가 약자라는 고정관념에 사로잡힌 수많은 사람이 임산부의 말을 팩트로 받아들여 채선당을 매도했다. 이후 사건에 대한 다각적인 정보가 밝혀진 후에도 채선당은 기피대상이 됐고 이미지의 추락과 함께 치명적인 영업적 손실을 입었다.

당시 서울대 심리학과 곽금주 교수는 "피해를 봤다고 자신의 억울함을 인터넷 게시판과 소셜네트워크서비스를 통해 하소연하자, 이게 급속도로 파급되면서 순식간에 수많은 군중을 격분의 소용돌이에 휘말리게 했다"며 "추가 정보가 필요하다거나 다른 한편의 입장을 들어봐야 한다는 의견은 측근 인물이 아니냐는 비판 혹은 물타기 하지 말라는 비난과 함께 가볍게 무시돼 버린다. 그렇지만 나중에 밝혀진 사실은 애초의 호소와는 거리가 있지 않았는가? 결국 처음 글을 올린 이도, 그 글을 보고 군중에게 비난을 받은 상대도, 반론을 제기하다가 비판을 받은 이들도, 불완전한 정보에 휘둘린 것 같은 허탈감을 느끼게 된다. 정도의 차이는 있지만 모두 크고 작은 상처를 받고 말았다"고 말했다.

SNS를 생각이 다른 사람이나 집단과의 소통 수단으로 활용하기보다는 생각과 행동이 비슷한 사람끼리 뭉치는 수단으로 활용하는 경향이 심화되고 있는데, 이는 역설적으로 국민 통합보다는 국민 분열 현상을 심화시키는 것으로 나타난다.

가짜뉴스, 일방적인 뉴스, 오보 등이 SNS와 만나면 진짜뉴스, 고급 정보 등으로 둔갑하고 이는 가까운 사람끼리 유통하면서 기정사실화된다. 이를 통해 국민은 서로의 잘못된 선입관이나 실체가 불분명한 이념 분쟁에 가담하는 결과를 빚는다.

SNS 시대 미디어 비평은 정보와 오보, 가짜와 진짜 뉴스를 구분하고 판정하는 역할까지 겸하고 있다. 뉴스가 빨라야 하지만 그것은 정확하고 진실하다는 전제 위에서 성립되는 논리다. 손안의 스마트폰이 스마트하게 활용되기 위해서는 미디어 진위 여부를 확인하는 능력을 갖추는 소위 '미디어 리터러시'에 대한 교육이 필요하다.

미디어 리터러시의 교과서 역할을 할 미디어 비평은 그 진위 여부를 판별하는 법, 잘못된 미디어 소비자에서 벗어나는 법 등을 익히는 유익한 공공프로그램이다. SNS 시대 미디어의 잘못은 미디어가 바로 잡도록 그 역할이 확대 개편되어 SNS 이용자, 소비자의 길라잡이로 기대된다.

SNS 시대 미디어 리터러시 팁 10

SNS에서 퍼나르는 뉴스와 정보의 진위 이렇게 확인하라.

1. 제일 먼저 정보의 출처가 어디인지, 기자 이름은 있는지 등을 확인한다.

2. 공신력 있는 언론사에서 제공한 뉴스인지 확인한다.

3. 언론사로 가장하고 정보 출처도 검찰청, 경찰 등으로 위장할 경우, 내용의 과장성, 일방성을 확인한다. 쌍방의 주장 없이 일방적 내용만 담겨 있으면 의심하라.

4. 뉴스나 정보 텍스트에서 익명의 취재원이 많을 경우, 취재원 이름은 인용했으나 믿기 힘들 경우 역시 의심해야 한다.

5. 깜짝뉴스, 충격, 깜놀 등 자극적인 용어로 전달된 뉴스와 정보는 가짜일 확률이 높다.

6. 현명한 미디어 소비자가 되기 위해서는 BBC의 투 소스 룰을 원용하라. 전달된 뉴스와 같은 뉴스가 다른 공신력 있는 언론사에서도 전하는 등 두 개 이상의 매체에서 동일하게 전하면 믿어도 된다.

7. CNN, New York Times, AP 등 유명 외신의 이름으로 포장됐더라도 내용이 놀랄 만한 뉴스라면 일단 의심부터 하는 것이 낫다.

8. 뉴스 전달 텍스트에서 '…알려졌다', '소문이 나돌고 있다', '추정되고 있습니다' 등의 표현은 믿지 말라는 뜻이다. '…발표했다', '말했다', '주장했습니다' 등의 서술형은 보다 신뢰할 수 있다.

9. 미디어는 단정할 수 없는 특성이 있다. 수사기관에서 수사 후에 법원이 판정을 내리면 그때 단정할 수 있다. 그러나 미디어가 앞서서 '간첩', '빨갱이', '종북좌파', '수구꼴통' 등의 단정적 용어를 텍스트에 사용하면 어떤 매체든 신뢰성을 의심하는 것이 좋다.

10. 저널리즘에서 형용사나 부사는 금지하는 편이다. 주관적이고 사실에 바탕을 둔 진실에의 접근을 방해하기 때문이다. '너무나', '진짜로', '아주', '대단히', '꼭', '믿을 만한' 등의 수식어가 있으면 감정적이며 과장하고 있다고 보면 된다.

09
미디어 비평과 전쟁

'전쟁의 첫 번째 희생물은 진실'이라는 말이 있듯 전쟁은 미디어의 진실 보도를 막는 극단적인 상황이다. 공정과 진실을 추구하는 미디어마저 국익 이란 명분하에 불공정한 자국중심주의 보도로 국민의 판단을 흐리게 한다. 전시에서 미디어의 진실 보도, 자국중심주의 보도를 어떻게 평가할 것인 지 등은 논란의 소지가 많다. 전시 언론 통제 전략이 발동될수록 언론의 진실 추구 정신은 더욱 중요해진다. 비록 전시라는 특수 상황을 감안하더 라도 국가가 일방적으로 미디어를 전시 홍보 수단으로 삼는 경우는 막아 야 하고, 그래서 미디어 비평은 더욱 활성화되어야 한다. 전시에서 미디 어 비평이 왜 중요한지 실제 분석 사례를 통해 살펴본다.

미디어 비평을 논하면서 전쟁 상황을 내용에 포함시킨 것은 순전 히 필자의 경험 때문이다. 나는 1989년 아프가니스탄 전쟁을 취재한 경험이 있다. 당시 국민일보 국제부 기자로 창간 이래 최초로 파키스탄 페사와르에서 약 2주간 전쟁 과정을 취재하며 실제 전쟁 상황과 미디어 보도 상황이 다르다는 것을 알았다.

또 1991년 걸프 전쟁이 벌어졌을 때 이스라엘에 가서 50여 일 동안 취재 보도의 값비싼 경험을 했다. 당시는 무모할 정도의 사명감으로 뛰어들었지만 되돌아보면 위험한 전시 현장을 겁도 없이 덤벼들었다는 표현이 적절할 것 같다.

미국은 2003년 또다시 이라크를 침공하는 전쟁을 벌였다. 지구촌은 평화의 이름으로 전쟁이 그치지 않으며, 미디어는 전쟁의 정당성, 당위성, 명분을 제공하여 여론을 우호적으로 만드는 데 앞장서곤 했다.

아버지 뒤를 이은 아들 조지 부시 당시 대통령은 2003년 이라크가 '대량 살상 무기를 감추고 있다', '9·11테러 배후 세력인 오사마 빈 라덴과 연계돼 있다'는 주장을 주요 미디어를 통해 확산시키며 전쟁 명분으로 내세웠다. 그러나 전쟁이 끝나고 사담 후세인을 권력에서 몰아낸 다음, '대량 살상 무기는 없었다', '오사마 빈 라덴과 이라크와는 아무 관련이 없다'는 사실이 드러났다.

진실은 항상 뒤늦게 그것도 밋밋하게 드러나는 법이다. 미디어는 전쟁 당시 어떤 보도를 했는지 반성도 사과도 없이 쉽게 잊어버린다. 독자나 시청자도 더 이상 관심을 갖지 않는다. 진실을 기다리기에 우리는 너무 바쁘고 너무 인내심이 없다.

전쟁이라는 특수 상황은 미디어의 보도 자유를 제한할 명분을 제공한다. 특히 우리 편과 적국이 극명하게 나눠지는 상황에서 공정성과 중립성, 객관성은 사라진다. 오직 주장과 편들기로 자국중심주의에 빠져들면서 국민의 판단을 흐리게 만든다. 이런 상황에서 왜미디어 비평이 필요한지, 2003년 미국의 이라크 침공 사례로 설명하고자 한다.

미국은 언론 자유의 나라로 알려졌다. 미 수정헌법 제1조에 언론자유를 침해하는 어떤 법률도 제정하지 못하도록 명문화되어 있음은 미국의 자랑거리다. 그러나 전쟁 상황에서 미국 언론은 과연 자유롭게 보도하는가에 대해서는 의문이다.

특히 1970년대 베트남전에서 여론 악화로 철수를 결정, 처음으로패전국이 되면서 전쟁 시에는 여론을 움직이는 언론을 통제하는 전략에 집중했다. 걸프전 당시 미국 정부가 언론 통제를 통해 세계적인 지지와 자국민의 지원을 얻으려 했다는 주장은 걸프전 종군기자들의 대체적인 견해다. 전쟁 초기 보도 양을 줄이며 부정적 보도를차단하는 전략은 전시 언론 통제의 기본이다.

1982년 영국이 포클랜드 전쟁에서 실행한 언론 통제 전략이기도했다. 전쟁 초기 국민적 지지 여부가 전쟁 지속 여부에 큰 영향을 미치기 때문에 언론 통제는 국익이란 이름으로 실행된다.

미국은 1983년 그라나다 침공 때 같은 언론 통제 전략을 실행했다. 침략 초기에 어떤 보도도 허용되지 않았다. 대신 언론은 미 정부의 공식 입장인 '미국민들의 신변 안전을 위해서'라는 내용만 보도했다. 그러나 당시 그라나다에 주재하고 있던 미국인들은 누구도 신변의 위협을 느꼈다고 말하는 사람은 없었다.(Rune Ottoson, "Truth : The First Victim of War?", 1992).

걸프전에서 나타난 미국 언론 통제 전략의 실상을 연구한 자료 (Triumph of Image, The Media's War in the Persian Gulf, 1992)에 의하면, 미군 당국은 세 가지 언론 통제 전략을 구사했다.

첫째, 언론인들을 가능한 한 전선으로부터 멀리 떨어져 있도록 조치하고, 둘째, 가능한 한 오랫동안 취재, 보도하지 못하게 하고, 셋째, 종군기자들에게는 최대한 보도통제를 가한다는 것이다. 보도통제에는 부상병 인터뷰 금지, 아군 피해 상황이나 민간인 보도 금지 등이 포함된다.

걸프전에서 미국 언론은 이라크 민간인 피해 상황을 보도하지 않았다. 그러나 전쟁 이후 세계적십자사 조사로는 이라크 시민 15~20만 명이 희생당한 것으로 추정했다. 걸프전은 사실상 미국과 이라크 간 전쟁이라기보다 일방적 폭격, 파괴전이었다.

한국은 걸프전을 어떻게 보도했을까? 전쟁 당사국이 아니면서도 '미국보다 더 미국적인 보도'를 했다는 비판이 나왔다. 당시 필자의 분석 내용 일부를 인용해 본다.

"2003년 미국 이라크 침공에서 미국은 분명히 가해자 입장이고 CNN은 중립적일 수 없는 미국의 미디어임이 분명하건만, 국내 대부분의 언론은 이번에도 CNN을 맹신했다. 특히 3개 국내 공중파 방송사들은 전쟁 시작부터 하루도 빠짐없이 CNN 방영물을 내보냈다. MBC는 아예 'CNN 스튜디오'를 만들어 동시통역으로 생중계했다."

(2003, 김창룡, 매스컴과 미디어 비평)

전쟁을 치르는 두 나라의 입장을 불공정하게나마 제대로 들을 수 없다는 것은 여론에 지대한 영향을 미친다. 서울에 이라크 대사관이 있어 필요할 경우 이라크의 주장을 반영할 수 있었지만, 미디어는 그렇게 하지 않았다.

보도의 양적 문제와 함께 질적 문제는 더욱 심각했다. 미국 언론의 일방적 주장을 여과도 검증도 없이 그대로 홍보했다.

'정확도 80% 크루즈 미사일 공습…'(SBS) 이 정확도를 어떻게 믿을 수 있을까. 무기판매상의 주장인지, 미 국방성 자료인지, 대국민 홍보용인지 알 수 없다. KBS는 한걸음 더 들어간다. '공격의 선봉은 뛰어난 토마호크 크루즈 미사일. 백발백중의 명중도를 보이고…' 이쯤되면 KBS 기자가 아니라 미국 국방성 홍보요원이 아닐까.

MBC도 마찬가지다. '외과수술식 정밀 포격 강조'라는 보도에서 '마치 외과의사가 환부를 도려내는 듯한…' 미국의 최첨단 무기를 자랑하는 무기 판매원인 듯한 기자의 보도는 국내 시청자를 기만할 위험성이 있다.

전쟁 당사국의 일방적 주장, 전쟁 당사국 미디어의 CNN 통역 등 마치 미국 국민에게 전하는 듯한 뉴스 보도를 한국 국민에게 전하는 것은 뉴스의 식민지화를 한국 미디어가 앞장선 셈이다. 미디어 비평은 바로 이런 미디어의 문제점을 미디어의 눈으로 파헤치고 지적하는 일을 해야 한다.

전시 오보는 정정이 없다. 오보라는 사실조차 모르고 뉴스를 소비하고 시간이 지나면 잊어버린다. 전쟁 홍보로 미화된 뉴스 보도 뒤에 수십만 명의 무고한 시민이 오인 포격과 사격으로 희생됐다는 사실을 미디어는 간과한다.

영국 BBC의 경우, 2003년 이라크 전쟁에서 '미국 당국의 심리전' 때문에 거의 매일 오보를 냈다는 점을 시인했고 사과했다. 국내 어느 언론도 이라크 전쟁 보도와 관련한 사과나 오보를 인정한 경우는 없었다.

정치인들의 전쟁놀음을 미디어가 앞장서서 홍보하거나 부추겨서는 안 된다. 어떤 명분으로도 전쟁을 미화하는 것은 죄악이다. 전쟁을 결정하는 것은 늙은이들이지만 피를 흘려야 하는 사람은 대부분 전쟁의 명분도 모르는 젊은 사람들이거나 무고한 시민들, 아이들이기 때문이다.

미디어 역사를 보면, 전쟁은 국민을 미디어에 집중시키는 미디어의 특수 호황 시기였다. 전쟁은 시청률을 올리고, 신문과 잡지를 날개돋친 듯 팔리게 하는 매력적인 아이템이었다. 전쟁 도구로 전락한 미디어는 권력과 거래할 수 있는 호기를 이용할 수 있었다. 바로 이런 점을 경계하고 감시하는 역할을 미디어 비평은 가장 잘할 수 있는 프로그램이다.

2019년 한반도는 여전히 분단국이며 전쟁 위험이 상존하고 있다. 그래서 미디어의 신중한 보도, 정제된 표현이 더욱 중시되고 있다. 전쟁을 부추기고 전쟁을 강조하는 미디어는 위험하다는 당연한 메시지를 미디어는 미디어 비평 프로를 통해 강조할 수 있어야 한다.

10
미디어 비평과 제작 가이드 라인

미디어 비평의 권위와 신뢰를 지켜기 위한 최소한의 다섯 가지 조건을 어떻게 제작 과정에서 충족시켜 보도하는지, 그것을 감시하는 실무적 가이드 라인을 좀 더 고심해 봐야 할 것 같다. 여기서는 방송뿐만 아니라 신문에서도 미디어 비평의 신뢰도를 높이기 위해 지켜야 할 가이드 라인을 정리해 보겠다. 비평이 일방적 비난이나 감정 대립이 아닌 공익적 목적을 달성하기 위한 과정의 정당성 확보 차원에서 필요할 것으로 본다. 가장 중요한 기준은 스스로 지키겠다는 언론윤리강령이다. 미디어 비평의 가이드 라인도 언론윤리강령 준수 여부를 가장 우선적으로 따져 봐야 한다.

언론윤리강령은 언론사마다 조금씩 다르고 또한 추상적이고 모호한 측면이 있어 논란의 여지가 많다. 또한 강제 규정도 없기 때문에 지키지 않아도 제재할 수단이 마땅치 않다. 하지만 조선일보는 2017년 12월 가장 최근에 새롭게 언론윤리강령을 개정했다.

실행 여부를 떠나 변한 미디어 환경을 가장 신속하게 반영했다는 점, 구체적인 윤리강령을 명시하였다는 점, 예상되는 다양한 상황에 대비한 언론인 가이드 라인을 제정했다는 점에서 이를 최대한 반영하여 미디어 비평 가이드 라인을 정리했음을 밝힌다. 이외에도 BBC 가이드 라인, 뉴욕타임스 언론윤리강령 등도 주요 참고안으로 원용했다.

미디어 비평 제작도 이와 비슷한 수준의 윤리관과 책임감을 갖고 제작되어야 한다는 데 초점을 맞춘 것이다. 미디어 비평 제작과 관련된 내용을 29가지로 요약했다.

1. 취재 과정의 불법성과 합법성, 신분 사칭, 의도적 거짓말, 반인권적 행위는 없었는지, 있었다면 그것 외는 취재 방법이 없었는지, 그 결과 보도의 공익성과 공공성 등이 충분히 상쇄될 수 있는지 등을 따져본다.
2. 인터넷 취재를 할 경우 소셜 미디어의 정보나 영상을 보완 취재하는 과정이 있었는지, 개인 정보를 불필요하게 노출하고 있거나 위험에 빠트릴 가능성은 없는지 뉴스 텍스트를 분석한다.
3. 사실 확인을 위해 얼마나 취재 성실의 의무를 다했는지 꼼꼼히 따져본다. 특히 보도자료에 의존한 뉴스인지, 확인 취재한 내용인지, 그 출처를 정직하게 밝히고 있는지 등을 점검한다.

4. 취재원의 실명과 익명 기준을 명확하게 체크한다. 과거 독재시절과 달리 요즘은 기사 신뢰도를 높이기 위해 가급적 취재원을 밝히도록 한다. AP통신사의 경우 비판기사를 작성할 때는 취재원이 누구인지 반드시 밝히도록 윤리강령에 명시되어 있다. 익명 취재원이 자주 등장하거나 익명 취재원을 이용하여 비판, 비난하는 뉴스 텍스트의 경우 의심해 볼 필요가 있다.

5. 다만 익명 취재원을 유지해야 후속 취재 보도가 가능하다고 판단될 경우, 혹은 국가안보나 외교상 비밀을 요하거나, 개인 사생활 침해가 우려될 경우는 제한적으로 허용될 수 있다. 따라서 취재원의 실명과 익명은 뉴스 내용에 따라 선택적으로 활용될 수 있는 만큼 미디어 비평도 이 수준을 준수하는 것이 좋다.

6. 보도뉴스의 경우 뉴스 소스와 서술어의 적격성을 분석한다. 예를 들어 소식통에 따르면, 관계자에 따르면, 경찰수사에 참여하고 있는 지인에 따르면 등으로 뉴스 소스가 지나치게 모호하고 불확실한데도 구체적인 사실을 주장할 때 이를 의심해야 한다. 마찬가지로 보도뉴스의 서술어가 '…알려졌다', '…추정되고 있다', '…애원했다', '…넌지시 말했다', '…변명으로 일관했다' 등의 소문이나 주관적 가치판단을 앞세우는 경우 이를 의심할 필요가 있다. 보도뉴스는 철저하게 중립성과 사실성을 요구하기 때문이다.

7. 언론사와 취재원 간 신사협정으로 불리는 비보도(off the record)

나 보도유예(엠바고, Embargo) 약속이 적절한지 여부도 미디어 비평의 주요 체크리스트에 포함된다. 오프더레코드나 엠바고는 취재원 측에서 요청하지만 이를 준수할 것인지 여부는 언론사가 결정한다. 법적 강제성이 없다고는 하지만 취재원과의 약속은 지켜야 하는 것이 원칙이다. 하지만 그것이 공익적 가치를 뛰어넘지 않는데도 이를 준수한다고 판단할 때 미디어 비평은 이를 문제시해야 한다.

8. 취재원 명시 원칙에도 불구하고 만약 제보자가 익명을 원하고 그 정보를 얻을 다른 방법이 없으며 그가 신뢰할 수 있는 취재원임을 확신한다면 취재원을 익명으로 보호할 수 있다. 이 경우 미디어 비평은 취재원 보호에 얼마나 철저했는지, 예를 들면 방송의 경우 모자이크 처리는 충분했는지, 신문의 경우 주소나 이름 등 신분이나 위치를 노출시키지는 않았는지 등을 따져보는 것이다.

9. 뉴스 크레디트, 자료 출처를 밝히는가의 여부는 뉴스 제작의 정직성을 드러내는 중요한 요소다. 하지만 상당수 한국 언론은 인용하는 뉴스 크레디트나 자료 출처를 밝히지 않아 스스로 취재한 것인지, 보도자료에 따른 것인지, 연합뉴스나 CNN 인용인지 판단하기 어려운 경우가 있다. 고의든 아니든 이는 언론 윤리강령 위배에 해당하는 사안이기 때문에 미디어 비평은 줄기차게 시정을 요구해야 한다.

10. 다른 매체 보도를 표절하거나 원자료를 도용하는 등의 일이 한국 언론에서는 비일비재하게 일어난다. 취재는 어렵고 표절은 쉽기 때문이다. 또한 다른 매체도 그렇게 하고 있다는 일반화의 논리도 표절을 쉽게 만든다. 뉴스 표절이나 자료 도용의 오랜 관행을 한국 언론에서 추방하는 일은 법이 아니라 미디어 비평이 더 효율적일 수 있다.

11. 반론 보장과 정정 보도는 언론사의 의무사항이다. 그러나 여전히 반론이 제대로 보장되지 않거나 정정에 인색한 모습은 한국 언론의 전통이 되고 있다. 당사자와 연락이 닿지 않거나 당사자가 회견에 응하지 않는 경우 등 반론을 반영하지 못한 사유를 기사에 포함한다. 정정의 경우, 신문이나 방송에 게재되기 전이라도 인터넷, 소셜 미디어 등을 활용해 신속히 자발적으로 정정보도를 게재한다.

12. 모든 뉴스는 명예훼손의 가능성을 항상 내포하고 있다. 명예훼손 여부는 기사의 공익성 여부와, 내용이 사실인지 혹은 사실이라고 믿을 상당의 이유가 있는지에 따라 판단한다. 국회의원, 지방의원, 고위 공무원, 법조인, 기업체 간부, 단체 임원, 연예인, 스포츠 선수 같은 공인(公人)의 명예훼손 여부는 사인(私人)과는 다를 수 있으나 공인의 경우라고 해도 명예훼손에서 모두 면책되지 않음을 유의한다.

13. 사생활 침해도 언론이 얼마나 주의했는지 살펴야 할 단골 사안

이다. 사전 동의 없이 집으로 찾아갈 경우 부서장과 상의한다. 명백한 범죄나 범법 행위의 증거가 있거나, 범법 행위와 관련된 인물에게 반복해서 인터뷰 요청을 했으나 응답을 받지 못한 경우 등은 예외로 한다. 공인의 경우 사전 조율 없이도 공공 장소 등에서 질문과 녹음/녹화가 가능하다. 미디어 비평은 이런 내용을 꼼꼼히 살핀 후 판단을 내려야 한다.

14. 개인의 사생활, 사유물, 개인에 속한 기타 목적물을 동의 없이 촬영하거나 취재 보도해서는 안 된다. 다만 공인이나 이에 준하는 인물, 공적 관심사에 해당하는 인물의 경우는 예외로 한다. BBC의 경우, 공공장소의 배경에 나오는 사람들이 프라이버시 침해를 이유로 촬영 중단을 요구하면 곧바로 종료하도록 윤리강령에 명시되어 있다.

15. 주관적 판단과 의견이 내포된 사설이나 칼럼이라 하더라도 정확하고 엄격한 사실에 바탕을 두어야 한다. 언론사의 상업적 이익이나 특정 단체 및 정파의 이권을 대변해서는 안 된다. 한국 언론사의 경우 사설과 칼럼을 통해 이런 기본 원칙을 위배하는 경우가 종종 있는 만큼 미디어 비평은 문제 제기를 해야 한다.

16. 제목 편집에 주목한다. 특정 개인, 단체, 기관을 조롱, 비하, 희화하는 문구—경악, 초토화, 발칵, 멘붕, 좌빨, 빨갱이 등 자극적인 문구가 남발되고 있는지 여부도 미디어 비평이 감시해야 할 대상이다.

17. 광고와 뉴스의 경계 구분에 대해서도 유의한다. 광고에 '뉴스', '속보', '단독', '특종' 등 기사로 오인할 우려가 있는 문구를 의도적으로 사용하는 언론사가 늘어나고 있다. 미디어 비평은 국민을 혼란과 오해로 피해자가 되는 것을 경계, 예방하는 일을 해야 한다.

18. 인터넷 시대, 뉴스 기사 검색 횟수를 늘리는 등 부당한 목적으로 제목과 기사 일부를 바꿔 비슷한 기사를 반복적으로 게재, 전송해서는 안 된다. 소위 뉴스 어뷰징(News Abusing) 역시 국민을 속이는 언론의 부정직한 상행위에 속한다. 미디어 비평이 주목해야 할 신종 언론 상술이다.

19. 미성년자를 인터뷰하거나 촬영할 때는 부모나 기타 보호자, 학교장 등 보호 책임자의 승인을 받는다. 미성년자가 형사 피의자나 피해자인 경우 신원을 밝히지 않는다. 반인륜적 죄를 범했거나 지명 수배 등 공표된 미성년 피의자인 경우 예외로 할 수 있다. 이런 당연한 미성년자 보호가 연예인의 자식이라는 이유로 스스로 인터넷 등에 자신을 노출시켰다는 이유로 방송이나 신문에서 이를 공개하는 것은 법을 위반하는 사안이다. 미디어 비평에서 먼저 방송사의 절제와 금지를 촉구할 수 있어야 한다.

20. 보도물에서 사진 및 영상 조작은 허용되지 않는다. 다만 예외적으로 주된 피사체를 분명하게 부각하기 위해 주위 배경을

생략하는 것은 허용할 수 있다. 색감 조정은 이미지를 선명하게 나타내기 위한 목적에 한해 최소한으로 이루어져야 한다. 재현은 명백히 재현임을 알 수 있도록 명시한다. 이 모든 것은 국민에 대한 언론의 정직한 서비스 정신과 예의에 속하는 일이다. 이런 정당한 윤리강령이 당연히 준수되는지 여부는 미디어 비평의 주된 일이다.

21. 성(性)을 다루거나 표현할 때는 사회 통념에 비추어 품위를 잃지 않도록 세심한 주의를 기울인다. 운동경기, 시사회, 축제, 행사, 시위, 패션쇼 등의 신체 노출 사진이나 이미지를 사용하는 경우 선정적·자극적으로 표현하지 않는다. 상업적 목적으로 이런 언론윤리강령을 위배하는 경우를 종종 보게 된다. 내부 감시의 중요성이 더욱 커지고 있다.

22. 범죄 보도에서 피의자의 인권을 보호하되 피의자가 범죄를 정당화하기 위해 의도적으로 하는 주장은 보도하지 않는다. 범죄 보도에서 신원 공개 여부 등 언론은 주의해야 할 사항이 많다. 그러나 피의자가 자신의 범죄를 정당화시키는 일방적 주장을 크게 보도하는 것은 경계해야 한다. 조선, 중앙, 동아 등은 '노무현 전 대통령의 비자금'과 관련, 허위 사실로 밝혀진 조현오 전 경찰청장을 피의자 신분임에도 크게 일방적으로 보도한 적이 있다. 이는 명백히 언론윤리강령 위배에 해당되며 미디어 비평에서 다뤄야 할 사안이었다.

23. 사건 사고 현장 취재는 신중해야 하며 희생자, 범죄 피해자나 그 가족을 취재할 때는 감정과 인권을 존중하고 고통을 가중시키지 않도록 최대한 배려한다. 범죄 피해자의 가족과 주변 인물에 관해 불필요한 언급을 삼간다. 그러나 '세월호 사건' 보도를 통해 한국 언론은 '기레기'로 전락한 데는 이와 같은 언론윤리강령을 무시했기 때문이다. 스스로의 치부를 드러내고 극복하는 노력을 보여 줄 미디어 비평은 무력화됐다.

24. 제목에 '자살'이라는 표현은 삼간다. 자살을 긍정적으로 혹은 지나치게 동정적으로 다뤄서는 안 된다. 자살 방법, 자살 장면, 자살 지역 등을 구체적으로 묘사해서는 안 된다. 자살과 관련된 언론 보도에 문제가 많아 신문윤리위원회 '자살보도 윤리강령'과 '자살보도 실천요강', 한국기자협회 '자살보도 권고 기준' 등을 따로 만들었을 정도다. 한국의 자살률이 경제선진국(OECD) 1위 수준을 유지할 정도로 심각한 사회문제가 되고 있다. 여기에 언론 보도의 문제점이 항상 드러나, 이를 비판하고 감시할 미디어 비평의 역할이 커지고 있다.

25. 어떠한 경우에도 취재원으로부터 금전이나 주식/채권 등 유가증권을 받지 않는다. 개인적으로는 물론이고 기자단을 통한 의례적인 촌지도 받지 않는다. 윤리강령에 어긋나는 금품 및 향응, 특혜를 정중히 사절한다. 자신의 직무와 관련해 배우자와 직계 존비속에게 전달되는 금품도 마찬가지다. 그러나

이런 언론윤리강령이 선거철만 되면 특히 위험에 빠진다. 향응을 받는 것은 물론 심지어 금품까지 수수하여 법의 심판을 받는 언론인들이 계속해서 나온다. 미디어 비평은 언론인 개개인의 금품, 향응 수수에 주목, 언론인의 윤리관을 높이도록 감시 역할을 해야 한다.

26. 정치 관련 사무실 운영, 정치적 약속, 정치인이나 특정 그룹을 위한 정치 활동을 하지 않는다. 정치 및 사회 관련 취재 기자와 부서장은 해당 직무가 끝난 후 6개월 이내에는 정치활동을 하지 않는다. KBS, 조선일보 등은 언론인 직무 후 6개월 정계 진출 유예기간을 명시해 두었지만 제대로 준수될 수 있을지 의문이다. 먼저 실시한 KBS의 경우 이를 위반해도 떠났기 때문에 징계할 방법이 없다고 한다. 언론윤리강령이 강제성이 없기 때문에 법적 조치를 취하는 것과는 다르다. 한 조직의 윤리강령을 지키지 않은 인사가 정치를 하더라도 기대하기 어렵다. 윤리강령을 위배했다는 사실을 보도라도 하고 해당 정당에 대해 위반 사실 공문을 발송하는 등 후속조치를 할 수 있는 범위에서 해야 한다.

27. 취재원 또는 유관업체와 재정적 관계를 맺지 않으며 투자와 지분 참여 등 경제적 이해 관계를 맺지 않는다. 기사를 통한 의견 제시 외에 타인을 위한 자산 운용, 투자 조언, 경영 지원 활동 등을 해서는 안 된다. 이런 윤리강령을 위반하고 상업적

이익을 추구하는지 여부도 감시가 필요한 부분이다.

28. 취재원 또는 업무 유관업체에게 인사 청탁을 하지 않는다. 취재원 또는 업무 유관업체나 보도 대상에게 대가성 청탁이나 민원을 하지 않으며 또한 이들로부터 청탁이나 민원을 받지도 않는다. 대부분의 언론인들은 2016년 부정청탁금지법이 제정, 실시되고 난 후 이런 민원성 청탁을 경계하고 있다. 그러나 지방에서는 여전히 청탁과 관련한 언론인의 잡음이 끊이지 않고 있어 지방 언론에 대한 미디어 비평의 감시 안테나가 더욱 필요하다.

29. 광고 및 협찬, 보급 및 판매를 조건으로 취재 보도해서는 안 된다. 기사 작성 시 특정 상품이나 기업 등에 대한 사항을 의도적으로 부각시켜 광고 효과를 발생시키지 않도록 한다. 이것은 모든 언론인이 지켜야 할 준수사항이다. 겉으로는 윤리 강령을 내세우고 실제로는 광고와 연계된 기사 작성이 이루어지는지 감시하는 역할은 역시 미디어 비평의 몫이다.

11
저널리즘 비평, 사례와 분석

저널리즘 비평은 미디어 비평의 핵심이다. 언론사에서 독자와 시청자에게 최종적으로 전달되는 보도 내용과 형식, 그 공정성과 진실성 등에 대해 종합적 평가를 내리는 것이기 때문이다. 뉴스 보도와 논평, 인터뷰 등 어떤 형태로든 해당 언론사의 최종작품은 항상 공정성과 진실성, 객관성 측면에서 평가 대상이 된다. 그 평가 기준은 언론윤리강령, 제작 가이드 라인, 관련 언론법제 등이다. 저널리즘 비평은 얼마나 이들 기준에 충실하기 위해 취재 성실의 의무를 수행했는지, 이를 입증할 만한 근거는 무엇인지, 진실로 공익성과 공공성을 최우선에 두었는지 등이 주요 기준이 된다.

저널리즘 비평은 뉴스 텍스트를 기초로 한다. 숫자나 논리, 인용의 정확성, 취재의 결과물인지 보도자료에 의존한 것인지 그 신뢰성 등을 바탕으로 분석한 후 미디어 비평에 나선다.

물론 말처럼 쉽지 않다. 텍스트 분석의 한계와 정보 접근의 제한 등은 미디어 비평문 작성 때 마주하는 문제점이다. 그렇다 하더라도 내부 문제 제기를 통해 진실에 접근하는 것은 필요하다.

따라서 여기서는 실제 저널리즘 비평을 통해 다시 한번 분석해 보고 그 후속 이야기를 전개한다. 다음은《미디어 오늘》에 필자가 기고한 미디어 비평 칼럼이다. 동아일보와 조선일보 의학전문기자가 쓴 의학 관련 기사에 대한 비평이다.

의학 전문 분야를 의사도 아닌 필자가 정확하게 분석하기엔 한계가 있지만 주제만 다를 뿐 논리 전개의 타당성, 자료 인용, 취재 과정 등을 따져보면 그렇게 어려운 문제도 아니다. 먼저 실제 미디어 비평을 읽어보자.

'900여 명 살린 서울대병원'
– 조선일보 의학전문기자의 홍보성 기사

국내 언론에도 실질적인 전문기자제도가 정착된 것은 1990년대 이후다. 특히 의료, 군사 분야는 전문기자들이 능력을 발휘하며 미디어 소비자들에게 깊이 있는 정보를 서비스한다는 점에서 다행스럽다.

일반기자보다 전문기자의 기사와 분석이 더 높은 평가를 받는 것은 서양에서도 마찬가지다. 국내에서도 의료 분야에 의사 출신 기자가 활약하는 곳이 많아졌다. 그런데 의사 출신 전문기자들이 상반된 뉴스를 내보낼 때 일반 미디어 소비자들은 더욱 혼란에 빠지게 된다.

같은 사안을 다룬 것은 아니지만 서울대학교 병원에 대한 조선, 동아일보 의학전문기자의 보도를 미디어 소비자 입장에서 살펴볼 필요가 있어 분석대에 올려보겠다.

동아일보(6월 17일) '서울대병원, 죽어야 산다'는 제목의 칼럼 기사에서 "서울대병원이 고(故) 백남기 농민의 사망 원인을 9개월 만에 '병사'에서 '외인사'로 수정했다"는 사실을 전하며 문제점을 조목조목 지적했다. 의사인 이진한 정책사회부 차장은 서울대병원 의사 말을 인용하여 "서울대병원엔 500여 명의 교수가 있는데 마치 국회의원 500명이 있는 것과 같다"면서 의사들간의 비협조와 독단을 비판했다.

특히 환자를 우대하지 않는 의사들의 아집에 대해서는 이런 사례로 설명했다. "2011년 개원한 서울대 암병원은 외과가 진료하는 '갑상선센터'와 이비인후과가 진료하는 '갑상선구강두경부암센터'가 별도로 있다. 환자를 위한다면 이 두 센터를 하나로 통합하고 협업을 하는 것이 옳다. 한 병원에 갑상선암을 보는 센터가 두 곳인 경우는 전국에서 유일하다."

그는 또 "정작 암병원 내에 있어야 할 유방센터는 공간이 부족해 멀리 떨어져 있다. 유방암 진료를 위해 암병원을 찾은 많은 환자들은 다시 반대편 건물로 가서 진료를 받아야 한다. 각 과들의 협력이 안 되니 환자들의 불편만 커진다"고 개탄했다.

이런 비판기사를 작성하게 되면 서울대병원 취재가 어려워지고 소위

선배 의사들로부터 따가운 눈총을 받는다. 최고권위의 서울대병원에 대해 이런 문제를 공론화하는 데는 용기가 필요하다. 서울대병원의 서비스 시스템을 감시하고 견제하는 일은 생각보다 어렵다.

그러나 조선일보(7월 6일자) 역시 의사 출신 전문기자가 쓴 "900여 명 살린 서울대병원 '달리는 중환자실'" 보도는 전문적 지식 없이도 얼마든지 쓸 수 있는 홍보성 뉴스로 보인다. 이 보도를 통해 전하고자 하는 메시지가 무엇인지 의아하게 만든다.

우선 제목처럼 어떻게 900여 명을 살렸는지를 기사 중에 찾아보니 그 근거가 애매했다. "서울대병원 앰뷸런스팀은 지난 6월 말까지 총 937건을 이송했다. 초창기엔 한 달 30여 건에서 요즘은 60여 건으로 늘었다고 한다."

저널리즘에서 이렇게 표현하는 것은 일종의 과장이다. 그것은 다른 앰뷸런스로 옮겼을 때 다 죽는다는 명제가 있어야 가능하기 때문이다. 죽을 수도 있고 살 수도 있을 경우에는 이런 식으로 수치를 명시하며 '살렸다'로 표시하는 것은 왜곡보도에 속한다. 또한 '살렸다'가 구체적으로 목숨만 유지시켰다는 것인지 며칠 뒤 바로 숨을 거둔 것인지 등 애매한 부분이 남는다.

평소에 다양한 의료뉴스를 서비스하는 조선의 김 기자가 작성한 것치고는 수준에 미치지 못한다. 서울대병원이 새롭게 시도하는 "중환자실 그대로 옮겨놓은 앰뷸런스 중증 환자 이송을 전담하는 서울대병원의 '모바일 중환자실' 앰뷸런스"를 널리 알린다는 취지는 이해가 간다.

허나 서울시 재정 지원을 받아서 하고 있는 것이다.

김 기자는 "서울시가 운영 비용으로 한 해 9억8,000여만 원을 지원한다. 앰뷸런스는 일반 구급차보다 1.5배 커서 이송 중에도 의료진이 서서 처치할 수 있다. 산소통 용량과 전기 출력이 4배 커서 인공호흡기, 에크모 등 중환자실 의료기를 사용할 수 있다"고 보도했다. 그는 나아가 다른 지자체에서도 이런 서비스가 지원되기를 기대했다.

서울공화국에서나 가능한 소리다. 서울을 제외한 다른 권역은 서울시처럼 예산을 지원할 여력도 없고 의료 인프라는 더욱 열악하다. 물론 그렇다고 포기하자는 것은 아니다. 왜 서울대병원만 가능하고 다른 지역은 마음은 있어도 불가능한지, 중앙정부가 어떻게 해야 하는지도 언급돼야 하지 않을까.

서울대병원이 고 백남기 농민의 사망 원인을 병사에서 외인사로 정정한 이후 대외 신뢰도와 이미지가 떨어지니 그것을 만회하는 차원의 언론 플레이가 아니기를 바란다. 최고 의사들끼리 사망진단서 하나 제대로 작성하지 못하는 이유가 궁금하지 않은가.

대한의사협회는 "고 백남기 씨 사망진단서에 사망 종류를 병사로 기재하고 직접 사인을 '심폐정지'로 기록한 점은 의협의 진단서 등 작성·교부지침과 맞지 않는다"고 지적했다. 서울대 의대생들도 102명 합동 성명서를 통해 "직접 사인으로 '심폐정지'를 쓰면 안 된다는 것은 국가고시 문제에도 출제될 정도로 기본 원칙"이라며 "사망진단서에 심폐정지가 버젓이 기재돼 있고 사망 종류가 병사로 표기돼 있던 오류는 의학적·법적으로 명백했던 고인의 사인을 모호하게 만들었다"고 주장한 바 있다.

진단서를 둘러싼 서울대병원의 논란은 끝나지 않았다. 주치의와 병원장은 여전히 '병사'로 주장하고 부병원장은 '외인사'로 정정하며 사과까지 했다. 국민은 여전히 서울대병원만 찾아 줄을 선다.

병원 권력화한 서울대병원에 대한 의사 출신 기자들이 좀 더 날카로운 메스로 비판과 견제를 해야 명실상부한 '의료서비스센터'로 돌아올 수 있지 않을까.

(미디어 오늘 2017년 6월 17일)

조선, 동아 두 대형 신문사의 의학 전문기자 기사를 미디어 비평 대상으로 삼은 것은 순전히 독자 서비스 차원에서 접근했다. 개인적으로 두 기자를 알지 못할 뿐만 아니라 호불호도 없어 공정한 입장이다.

기자는 기사를 통해 말하듯 필자도 기사 텍스트에 의존해서 분석, 미디어 비평 칼럼을 기고한 것이다. 전문기자의 세계는 더욱 기사의 정확도와 신뢰도가 중요하다. 서양의 전문기자들은 지면 기여도가 높고 고정 독자들도 일정수준 확보하기 때문에 영향력이 지대한 편이다.

동아일보 의학전문기자의 경우, 어렵게 자체 취재를 통해 내부 비판을 공론화, 문제 해결을 위한 접근을 한 것으로 보인다. 의사 세계와 내밀한 정보가 없다면 작성하기 어려운 기사로 협업과 협동정신이 필요한 종합병원에서 알려지지 않은 서울대 의사 세계의 문제점을 어렵게 고발한 점을 높이 평가했다.

조선일보 역시 의학전문기자가 작성한 의학 관련 뉴스지만 그 정확성과 신뢰성에 문제가 있다고 판단했다. 그 근거는 제목과 기사 내용이 일치하지 않는다는 사실이다. "900여 명 살린 서울대병원 '달리는 중환자실'"이라는 제목과 일치하는 내용이 본문에 없다.

필자는 "⋯기사 중 지난해부터 올해 6월 말까지 중환자 이송수가 937건인데 이 수치를 추정하여 900여 명 살렸다고 표현했다"고 지적했다. 이 내용으로 이런 제목을 달 수 있을까라는 데 주목했다. 제목은 어느 정도 생략과 과장이 인정된다 하더라도 지나친 비약이나 논리적 타당성이 없을 경우 왜곡보도, 오보가 될 수 있다.

'중환자 이송수 937명'을 '900여 명 살렸다'는 표현은 좀 심하다. 제목은 편집기자의 영역이고 의학전문기자의 책임 밖의 일이기는 하지만 독자는 이를 구분하지 않는다. 과장이나 왜곡은 독자에게 잘못된 선입견을 만든다. 언론사가 윤리강령을 위반하며 죄의식 없이 행하는 것은 공론화와 함께 개설이 필요하다고 생각한다.

12
미디어 관행 비평, 사례와 분석

모든 조직세계에 그 조직의 문화와 함께 이어지는 관행이란 것이 있다. 법조계에는 없어졌다고 하면서도 존재하는 '전관예우' 같은 관행처럼 언론계에도 '권언유착', '촌지수수', '향응접대' 같은 전통문화 혹은 관행 같은 것이 여전히 존재한다. 관행은 쉽게 없어지지 않는 특성이 있다. 언론계의 관행 중 저널리즘의 본질을 훼손할 수 있는 잘못된 관행, 일부이긴 하지만 여전히 현재도 문제로 나타나는 관행 등을 공론화해 보자.

한국 언론인들의 금품수수, 향응 등 잘못된 관행이 공개적으로 도마에 올라 여론의 따가운 질타를 받은 적은 많다. 그만큼 이 문제는 해결이 쉽지 않고 전통이 되다시피 이어져 오고 있다.

2016년 소위 '김영란법' 제정 당시 언론인을 법적용 대상에 포함시킬 것인가를 두고 사회적 논란이 된 적이 있다. 언론계 내부에서도 찬반이 엇갈릴 정도로 현안이었다. 그러나 여론은 당연히 공무원은 아니지만 언론인이 포함돼야 한다는 쪽이 우세했다.

결과적으로 언론인들은 '부정청탁금지법' 대상에 포함됐다. 이것은 언론윤리강령 정도로 고질화된 언론인들의 금품수수, 부정청탁, 향응 등이 해결될 문제가 아님을 말해 준다. 아래 인용한 미디어 비평 칼럼은 바로 이런 점을 부각시켜 언론인을 대상에 포함시켜야 한다는 여론에 타당한 논리를 제시하려 한 것이다.

김영란법과 언론인들, 그 관행

김영란법에 대한 언론인들의 찬반은 뚜렷이 나타난다. 대표적 언론인 단체인 언론노조와 한국기자협회는 찬성과 반대로 입장이 엇갈렸다. 그러나 찬성하든 반대하든 이제 다음 달 시행령이 확정되면 언론인, 교사, 교수(사립학교 포함) 등 모두 법적용 대상자가 된다는 사실은 부정할 수 없다.

그럼에도 일부 언론, 언론인들은 여전히 김영란법 적용 대상자가 된 데 대해 불만을 나타내고 있다. 오늘날 대한민국이 세계 속에서 경제 선진국 회원국가라고 자랑하면서도 부패국가군(CPI, 부패인식지수)에 속하는 부끄러운 수준임을 잘 알고 있는 언론인들이 왜 반발하고 있는 것일까.

한국기자협회는 "윤리의 문제를 법으로 다스리려 한다"며 반발했다.

기자들의 권익을 옹호해야 하는 입장에서 찬성하기가 쉽지 않겠지만 이런 논리 자체에 모순이 있다. 윤리와 법은 엄격하게 분리할 수 있는 것이 아니고 상호 겹치는 부분이 많아 윤리를 벗어났을 때 법으로 처벌하는 경우가 종종 있기 때문이다.

그것이 아니더라도 그동안 언론윤리강령 등 자율 규제 시스템을 가동하면서 '자율에 맡겨 달라'는 식의 주장은 더 이상 유효하지 못하다는 내부의 공감대까지 나온 상황이다. 한보사건부터 굵직굵직한 대형 비리사건이 터질 때마다 언론사 간부, 기자 등이 얽혀 있지 않은 곳이 드물 정도였다.

부패비리를 감시해야 할 언론사가 오히려 부패의 한 축이 돼 국민의 원성을 받아왔다는 점을 이제 국민은 안다. 지금도 선거철만 되면 유력 후보자와 결탁하거나 금품을 주고받는 비리의 사슬구조를 형성하고 있음은 주지의 사실이다. 올해 경남 김해시장은 국회의원 선거 때 재선거를 치른 이유가 바로 시장이 기자 두 명에게 금품을 줬다는 사실이 대법원 재판에서 확정됐기 때문이다. 이런 곳이 전국에 한두 곳이 아니다.

특히 수도 없이 늘어난 인터넷 언론사, 기자들의 폐해는 목불인견이다. 정부조직, 공기업 등은 언론사 광고 청탁, 압력에 갈수록 더 어렵다는 하소연을 늘어놓는다. 언론의 자율, 자정은 공염불이고 윤리강령은 있으나마나다. 오죽하면 '기레기' 소리까지 나오겠는가.

"대형 언론사들은 헌법을 위반하고 소형 언론사들은 형법을 위반한다."

이 말은 대한민국 현실을 정확하게 꼬집는 촌철살인이다.

어떤 언론사는 '김영란법, 거악(巨惡) 근절 가능할까'라는 제목에서 "김영란법으로 '거악' 근절은 어렵다"는 식으로 법시행에 대해 부정적으로 접근하고 있다. 직접 인용해 본다.

"…김영란법은 분명 '작은 악(小惡)'에 대한 경감 효과가 있을 것이다. 문제는 이 법이 '큰 악(巨惡)'에도 약발이 있을 것이냐다. 김영란법이 만들어진 계기도 국회의원 등 선출직 공직자, 판검사와 변호사, 대기업 오너의 뇌물 사건이나 갑질, 고위 관료의 병역비리와 방산비리 등 큰 악들이었다. 성완종 리스트는 우리 정치의 썩은 속내를 보여 준다. 진경준·홍만표·최유정 사건은 법조계의 추한 얼굴을 드러낸다. 방산비리는 군 간부들의 도덕적 해이를 적나라하게 광고했다. 국가의 근본을 흔드는 건 이런 범죄들이지 자질구레한 소악들이 아니다."

이런 논리 전개는 옳지도 않을 뿐만 아니라 정확하지도 않다. 이 논리에 의하면 거악에 판검사와 변호사 등이 얽힌 범죄를 포함시켰다. 김영란법 탄생 배경이 바로 '벤츠 여검사 사건'이다. 대법원에서 변호사가 여검사에게 제공한 '벤츠'를 뇌물이 아닌 '사랑의 징표'라고 판단해 준 것이다. 벤츠를 제공하면서 직무와 관련한 청탁이 없었다고 대법원이 판단한 것을 보고 당시 김영란 대법관이 '이럴 수는 없다'고 만든 것이 바로 이 법이다.

내용을 보면 한 번에 1백만 원, 1년 도합 3백만 원 상당의 현금이나 금품을 수수하게 되면 '직무대가성' 여부와 무관하게 처벌하도록 하고 있다. 과거 무죄를 받은 벤츠 여검사 사건은 김영란법 시행이었다면 바로 처벌 대상이다.

'거악'은 법 때문이 아니라 법을 자기들 멋대로 운영하는 검찰, 법원, 정치권력자들의 탐욕 때문이 아닐까. 거악 진경준 사건이 벌어졌을 때 법무부는 초기에 '개인의 주식 거래일 뿐'이라며 감찰도 수사도 거부했다. 그런데 구속까지 시키고 형사처벌 수순을 밟고 있는 것은 법의 문제가 아니라 법을 운영하는 일부 특권층들이다.

이들의 편법이나 탈법을 불가능하도록 만든 '부정청탁방지법'은 완벽할 수 없지만 적어도 환영하는 것이 시대적 흐름이다. 마치 이 법으로 미풍양속이 상처받는 듯 접근하여 논리를 전개하는 것은 한국 부패의 실상을 간과하고 있는 것은 아닌지 염려될 정도다.

〈PD저널 2016년 8월 8일〉

언론사들은 대체적으로 부정청탁금지법 대상이 되기를 이처럼 반대했다. 언론 스스로 여론을 왜곡하는 모습은 미디어 비평 차원에서 다뤄야 한다는 점에서 이 칼럼을 쓰게 되었다. 그리고 주요 언론사의 사설이나 칼럼의 논리가 어떻게 잘못됐는지 등을 지적했다.

특히 연합뉴스처럼 뉴스통신사가 이런 글을 작성하면 다른 매체들은 이를 따라 게재하기 때문에 영향력이 높다. 연합뉴스 칼럼에 대해 직접적인 반박을 한 것은 그런 언론사를 위한 논리를 더 이상 확산시키지 말라는 뜻이기도 하다.

법제정과 관련, 이해 당사자가 될 때 공정하기가 쉽지 않다. 국민은 미디어의 사설이나 칼럼 등을 보고 영향을 받아 '마치 언론 자유 침해 소지가 있는 듯' 한 착각에 빠질 수도 있다. 부정청탁금지와 언론 자유와는 아무 상관 없다. 언론사는 불리해지면 '언론 자유'를 내세우는 경향이 있다. 언론이 늘 진실과 정의의 편에 서는 것도 아니다.

따라서 현명한 미디어 수용자는 언론의 보도를 선택적으로 받아들이는 훈련이 필요하다. 이런 훈련에 미디어 비평은 교과서 역할을 하게 된다.

13
미디어법 비평, 사례와 분석

언론 자유는 민주주의 핵심 가치로 헌법이 보장하기는 하지만 개인의 사생활, 명예 등 인격권 보호와 관련된 법률과 때로 상충되기도 한다. 개인의 인격권과 언론 자유라는 두 가치가 대립될 때 불가피하게 '비교 형량의 법칙'을 적용, 어느 한쪽의 손을 들어줘야 한다. 이 경우 미디어법은 어떻게 작동하고 있으며 이는 어떻게 미디어를 정상으로 기능하도록 돕는지, 혹은 거꾸로 무책임한 보도를 가능하게 하는 잘못된 안전판 역할을 하는지 등에 대해 비판적으로 다룸으로써 개선을 촉구하고자 한다.

미디어가 다루는 소재는 이 세상의 모든 것이다. 특히 인간이 흥미를 느낄 만한 소재나 주제는 그 경계가 없다. 그래서 법은 미디어에 최저선을 정해 두고 인간의 존엄과 사생활 보호를 하는 범위 안에서 보도하도록 강제하고 있다.

여기 인용한 사례는 미성년자지만 흥미를 유발하여 클릭 수를 늘이거나 시청률에 도움이 된다면 마구잡이식으로 법을 무시한 보도를 비판하는 칼럼이다.

'최진실의 14살 딸은 공인이 아닙니다'
– 미디어의 무분별한 불법보도

대중매체의 무분별한 미성년자 얼굴 공개 보도가 도를 넘고 있다. 미성년자보호법이나 언론윤리강령 등은 공인이 아닌 미성년자의 신원이나 얼굴 공개 때는 보호자나 후견인의 명시적 동의를 받도록 규정하고 있으나 이를 지키지 않고 있는 것이다.

고 최진실의 딸은 대중매체의 흥미로운 먹잇감이 된 것 같다. 최근에는 조모와 '학대 논란' 건으로 수사를 받고, 조모는 최종 무혐의 처리됐지만 이 과정에서 KBS, 연합뉴스 등 주요 매체는 14살 최○○ 양의 실명과 얼굴 사진을 공개했다. 단순 공개하는 정도를 넘어 홈페이지에 눈에 띄도록 처리하는 천박한 상업주의를 드러냈다.

곧이어서 세계일보는 홈페이지 좌측 상단에 "故 최진실 딸 최○○ '살아가는 게 참 힘들다, 엄마' 심경 고백"이란 제목으로 실명과 사진을 공개하며 기사화했다. 본인이 직접 기자의 카메라 앞에 선 인터뷰 내용인가 확인했더니 그것이 아니었다.

최 양은 자신의 인스타그램이라는 SNS에 "2017년 10월 2일 우리

엄마 안녕. 나 되게 멋진 사람이 되고 싶었어"라며 자신의 심경을 담은 글을 세계일보가 기사화한 것이다. 기자 입장에서 뉴스가 된다고 판단하면 인터넷 글도 인용, 뉴스 작성에 나서는 것을 탓할 수는 없다. 그러나 최소한의 언론윤리강령과 언론중재법, 미성년자보호법 등 개인의 사생활 보호 등 인격권을 지켜 주는 선은 지켜야 한다는 것은 법치사회의 기본이다.

제목도 자극적으로 뽑았다. 어머니 아버지를 모두 잃은 어린 자식의 "살아가는 게 참 힘들다"는 고백은 호기심과 흥미를 자극한다. 여기다 얼굴 사진까지 부각시켜 클릭해서 보라고 권하고 있는 것이다.

KBS, 연합뉴스, 세계일보 등 언론사들은 최 양의 보도에 관한 한 적어도 다섯 가지 차원에서 심각한 문제를 노출시키고 있다.

첫째, 불법보도에 대한 인식이 없거나 있어도 '이 정도는 괜찮다'는 오만한 의식이다.

일반인의 사생활도 보호해야 한다는 것은 상식이고 더구나 미성년자의 얼굴 사진 공개는 신중해야 하며 극히 제한적으로 공개할 수 있다는 것 정도는 기자들도 안다. 그런 불법 인식을 넘어서는 것은 바로 '장사가 된다', '많이 본다'는 상업주의다. 특종이라면, 클릭 수를 올릴 수 있는 것이라면 무엇이든 보도한다는 상업주의가 한국 언론에 만연해 있어 심각한 문제다.

둘째, 게이트 키핑이 이루어지지 않고 있다.

공신력 있는 언론사는 취재 기자의 보도를 다시 한번 점검, 보완, 수정하는 '데스크 과정'을 거치게 한다. 이를 서양에서는 '게이트 키핑'이라 부르며 오보나 왜곡 보도를 최소화하며 당연히 불법성 보도는 걸러낸다. 데스크, 부장, 국장들도 무지하거나 오만하거나 둘 중 하나라는 점이다. 언론사 입장에서 뉴스가 되느냐 안 되느냐만 따질 뿐 피보도자의 인권이나 인격권 보호에 대한 배려는 보이지 않는다. 이런 행태가 세월호 보도에서도 반복된 것일 뿐이다.

셋째, '공인(public figure)'의 개념을 자기 편의대로 해석하는 한국 언론의 잘못이다.

각종 판례는 부모가 공인이라고 해서 그 자식도 공인으로 보지 않는다고 해석했다. 유명 배우가 이혼한다는 뉴스를 내보내면서 어린 자식과 함께 찍은 가족 화보를 확대하여 홈페이지에 올리는 무식한 친절을 베풀기도 한다. 유명 배우 최진실은 당연히 공인이었지만 그 아들 딸은 공인이 아니다. 더구나 '아동학대' 등의 사건에 연루됐을 때는 2차 피해를 막기위해 신원 공개가 아닌 신원 보호를 해야 하지만 한국 언론은 과감하게 신원 공개, 얼굴 공개 모두 한다. 언론사 공인을 자기 멋대로 해석한 결과다.

넷째, 스스로 제정한 언론윤리강령을 지키지 않고 있는 모습이다.

각 언론사는 공통적으로 미성년자의 신원은 보호한다고 명시하고 있다. 이는 법에도 명시된 것이라 자율적으로 보도윤리강령을 만들어 준수하겠다는 선언이다. 기자들도 언론사 간부도 윤리강령을 장식품으로 전락시켰다. 이보다 더한 불법 징계, 인사 횡포도 횡행하는데 이런 정도의 윤리강령쯤은 무시해도 된다는 것인지는 알 수 없다. 그러나 지킬 것을 지키지 않을 때 스스로 만든 언론윤리강령을 종잇조각으로 만들 때 언론 전체에 대한 신뢰와 권위는 상실될 것이다.

마지막으로 심의기관의 실종이다.

방송이든 신문이든 불법성 보도에 대해서는 자사의 심의기관 외에 방송통신심의위원회를 운영하고 있다. 방송통신위원회는 이 심의위원회를 통해 영상물, 뉴스, 광고 등 심의를 하여 잘못된 보도를 막고 심각할 경우 징계까지 내리도록 하고 있다. 그러나 현재 방송통신심의위원회는 유명무실하여 제때 심의도 하지 못하고 적정한 징계도 내리지 못하고 있어 예방효과를 주지 못해 사실상 직무유기를 하고 있는 셈이다.

민주주의는 법과 제도로 운영된다. 언론사나 방송통신위원회나 그럴듯한 법과 제도, 윤리강령까지 두고 있지만 어느 것 하나 제대로 작동하는 것이 없다면 시스템의 붕괴라기보다는 인간의 오만과 무지 때문이라고 봐야 한다. 부모 없는 어린 소녀의 인권 하나 보호하지 못하는 언론이 무슨 거대한 권력을 감시한다는 것인지 처절한 반성이 필요할 때다.

"너는 권고를 들으며 훈계를 받으라. 그리하면 너는 필경 지혜롭게 되리라."(Listen to advice and accept instruction and in the end, you will be wise, 잠언 19장 20절)

〈미디어 오늘 2017년 10월 5일〉

사춘기 미성년자의 갈등과 고민을 언론에 공개하는 것은 위험하며 불법이다. 한 언론사가 보도하니 이를 따라 보도하고, 한 방송사가 얼굴과 신원을 노출하니 다른 언론사는 이를 그대로 인용하는 식으로 마치 경쟁을 벌이기라도 하듯 반복되고 있다.

　이를 문제삼자 해당 언론사에서 KBS가 공개했기 때문에 '인용했다'는 식으로 무책임하게 답변했다. 그러고는 상투적 수법으로 '다음부터 조심하겠다'는 뜻을 전했다. 장담컨대 이들은 다음에도 조심하지 않을 것이다. 그 이유는, 사춘기 미성년자가 언론의 불법 보도 내용을 모르고, 후견인을 하던 할머니마저 이런 내용을 알지 못하며, 지인들은 법적 권한도 없다. 따라서 언론은 아무 일도 없었다는 듯 법적 책임에서 자유롭게 보도하고, 앞으로도 그렇게 할 것이다.

　법적 책임을 묻지 않을 때 언론사는 이렇게 불법과 탈법을 하는 경향이 강하다. 이런 사례는 매우 많다. 만약 이런 문제를 당사자가 법의 도움을 받기 위해 소송으로 간다면 언론사는 곤혹스런 상황에 빠질 것이고 그다음부터는 좀 더 신중하게 보도하게 될 것이다.

　한국 언론이 준법 의식 없이 거의 마구잡이식으로 보도할 수 있는 것은 언론사만의 책임이 아니라 바로 미디어 수용자 개개인의 인권 의식도 반쯤 책임이 있다. 이렇게나마 공개적으로 알리고 시정을 촉구하는 정도가 제3자가 할 수 있는 역할의 한계다.

14
미디어 제도 비평, 사례와 분석

미디어 세계는 보다 자율성이 강조되는 만큼 법보다 자율에 의한 공정성과 진실성, 윤리성에 충실하도록 다양한 제도적 장치를 두고 있다. 언론 윤리강령을 기초로 언론사마다 자율 규제 제도를 갖추고 있으며, 이를 지키지 못했거나 언론 불만자들을 위한 옴부즈맨 제도도 활용하고 있다. 이런 것이 지켜지지 않을 때는 법정기구인 언론중재위원회가 중재를 하는 사실상 자율적 제도도 존재한다. 방송의 경우, 옴부즈맨 제도를 도입하여 스스로 한 주간 자체 방송 비평을 하도록 강제화하는 제도를 운영하고 있다. 문제는 이렇게 입체적으로 짜여진 좋은 자율제도가 어떻게 기능하느냐를 살피는 것도 미디어 비평의 영역이다.

국가 미디어 정책은 법과 제도에 의해 결정된다. 그 결정은 국민의 시청권에 직접적 영향을 미치고 수용자 권리보호 등으로 이어진다.

다음은 국가 미디어 정책에서 공영방송 사장 선임 과정과 방송사와 신문사 등에 필요한 옴부즈맨 제도 등을 종합적으로 다룬 정책 대안 제시형 미디어 비평 칼럼이다.

공영방송 지배구조, 바꿔야 할 7가지
– 한국형 공영방송 모델은?

파업 중인 공영방송의 지배구조를 개선하기 위해 방송통신위원회에서 새로운 방송법 개정안이 진행되고 있어 다행스럽다. 현재 국회에 계류 중인 방송법 개정안은 또 다른 심각한 문제를 내포하고 있어 통과돼도 문제라는 지적은 옳다. 따라서 '한국형 공영방송 모델'을 검토하도록 7가지 제안을 한다.

이효성 방통위원장은 최근 국회에서 열린 대정부질문에서 "현재 방송법은 여야 간 이사 추천 숫자 차이가 많아 지나치게 정파적"이라며 "정파적인 싸움을 피할 수 없어 덜 정파적인 구성 방안을 마련해야 한다"고 말했다.

이 위원장은 대안으로 '덜 정파적인 방안'을 마련하겠다고 했다. '더 정파적이고 덜 정파적이라는 판단'은 매우 추상적이고 주관적이기 때문에 또다시 논란에 휘말릴 가능성이 높다. 방송의 불공정성, 정파성 때문에 파행을 하는데 '덜 정파적'인 것 정도로는 안 될 것이다. 한국같이 정치 과잉, 승자독식 구조 속에서 정파성을 없애는 것은 곧 공영방송의 정치적 독립을 의미한다. 방송의 고질적인 정파성을 차단하고 공정방송을 강화하는 '한국형 공영방송 모델'을 위한 7가지 방안을 제시한다.

첫째, [여야 구성비] 공영방송 이사 여야 구성비는 1:1로 같게 하여 정파성을 근본적으로 차단한다.

현재 여야가 6:3의 비율을 5:4로 조정하고 사장 선임을 3분의 2가 찬성하는 절대다수제로 개정하더라도 정치적 독립성 문제는 여전히 남는다. 차선책으로 제시된 개정안이지만 사장 뽑기는 더 어려워질 수 있기 때문에 여야는 이사 선임 비율을 공평하게 1:1로 하고 추천 인원수도 한 명씩으로 제한하는 것이다. 여야 국회의원들이 기득권을 포기 내지 양보해야 하는데, 매우 어려운 숙제가 된다. 현재나 개정안처럼 국회의원과 정치인에게 이사 추천 전권을 맡겨 놓는 식으로는 절대로 정파성을 탈피할 수 없다. '덜 정파적'이어서도 안 된다. 여야가 다투다가 야야끼리 서로 한 명씩 차지하겠다고 다투는 후진국형 정치다툼은 또 다른 파행을 예고하기 때문이다.

둘째, [이사 자격 조건] KBS와 MBC 공영방송 이사 선임 자격 조건을 강화한다.

현재처럼 각당 밀실에서 학교 후배, 이념 성향을 따져 묻지마식 이사 선임으로는 공영방송의 독립과 공정방송을 담보할 수 없다. BBC의 경우 이사나 경영진에 대해서 △사리사욕 금지 △청렴성 △객관성 △책임성 △공개성 △정직성 △통솔력 등 7개의 소위 '놀란 원칙(Nolan Principles)'을 적용한다. 정치권에서 추천, 선임된 이사들도 'BBC에

들어오는 순간 BBC의 명예와 신뢰를 가장 먼저 생각한다'고 할 정도로 한국의 추천이사와는 인식과 태도가 다르다. 한국에서 공영방송 이사 선임 조건은 최소한 도덕성, 정직성, 전문성, 책임성 등은 따져야 한다.

셋째, [이사 선임 방식] 이사 선임 과정의 투명성과 절차적 당위성을 명시해야 한다.

이사 자격 조건도 분명치 않은 상황에서 최소한의 절차적 검증 과정 없이 선임되는 방식은 공영방송의 불행을 잉태하는 것이다. 공영방송 독립은 이사 선임 절차에서부터 투명해야 한다. 검증된 사람이 제도를 살리는 법이다. 이사 추천의 폭은 넓히더라도 방송통신위원회 내부에서 독립적인 소위원회를 구성, 공개된 절차와 방식을 통해 청문회에 버금가는 수준으로 검증하는 절차가 반드시 필요하다.

넷째, [이사 인원] 공영방송 이사를 현재 숫자에서 최소 33인으로 늘려야 한다.

현재처럼 공영방송 이사수가 9~11명의 경우, 청탁이 쉬워지고 학연이나 정파적 이해관계에 따른 결정을 내리기가 쉬워진다. 대신 상징적인 숫자지만 33인 이상이 될 경우, 비밀 유지도 어려워지고 청탁은 쉽지 않게 된다. 33인은 국회 여야 1인씩 추천 이사를 포함해 학계, 언론계, 시민단체, 지역대표 등 범위를 확대하여 방송의 공영성과 공공성, 독립성을 확보하도록 한다.

독일 공영방송 사장 선임권은 독립적 감독기관인 방송위원회(한국의 방송통신위원회)가 갖는다. 방송위원회는 정당대표, 사회단체, 종교단체 등 다양한 이해집단의 대표 77명으로 구성되며 사장 선임은 이 위원들이 하기 때문에 정부가 개입하기 쉽지 않다.

다섯째, [중간평가제도] 공영방송 사장 중간평가제도를 도입한다.

중간평가는 내부 구성원들의 평가 50%와 시청자 여론조사 50%를 합산하는 방식으로 일정 지지율을 얻지 못할 경우 임기 중이라 하더라도 해임할 수 있는 조항을 신설하는 것도 검토할 수 있다. 향후 방송 독립이 이루어지면 이런 중간평가제도가 필요없어진다. 그러나 만약의 사태에 대비해 한시적으로 이중 안전장치를 마련하는 것은 필요하다. 민주주의 사회에서는 법과 제도만이 인간의 일탈과 무책임함을 통제할 수 있기 때문이다.

여섯째, [시청자위원회] 시청자위원회 구성을 독립적으로 하도록 한다.

개정된 방송법으로 시청자 주권을 강화하기 위해 만든 각 방송사 시청자위원회가 제 역할을 못하고 있다. 방송의 중립성과 공정성을 견제하는 역할을 전혀 하지 못하고 있어 파업 상황을 키운 셈이다. 심지어 방송사 사장 친구나 탄핵당한 대통령의 변호사 등을 시청자 위원으로 선정 '기득권자들의 사랑방'으로 전락시켰다는 비판마저 받는다. 시청자위원회는 방송사 제작 책임자들을 불러 불공정 방송 등을 따지고 시정을 요구하는 또 다른 형태의 강력한 견제장치지만 그것을 무력화시켰다. 지배구조 개선과 함께 아울러 살펴야 할 제도개선 분야다.

일곱째, [옴부즈맨 프로그램] 옴부즈맨 프로그램을 옴부즈맨답게 만들도록 하라.

개정된 방송법은 방송의 독립성과 공정성을 높이기 위해 자사 프로그램을 비판, 견제하도록 옴부즈맨 프로그램을 의무적으로 방영하도록 명시했다. 그러나 자사 프로를 비판한다는 부담감 때문에 서로 제작을 꺼릴 뿐만 아니라 방영시간대도 일반 시청자가 보기 힘든 시간에 편성하는 등 이 역시 유명무실화됐다. 좋은 제도가 현실에서 이처럼 자사 비판은커녕 오히려 자사 홍보 수단으로 전락하는 데 대책이 없다. 옴부즈맨 프로의 아이템 선정과 제작, 편성 등을 독립적으로 할 방안을 모색해야 한다.

　공영방송 지배구조 개선은 시급하다. 그러나 법만으로 이 모든 문제가 풀리지 않는다. 법과 함께 이미 도입된 선진제도를 무력화시키는 방송사 경영진들의 부도덕, 무책임함을 이중, 삼중으로 감시할 수 있는 기존제도를 활성화시키는 방안도 동시에 검토해야 법이 실질적으로 위력을 발휘하게 될 것이다.

(한국TV카메라기자협회 2017년 12월)

    탈무드는 사람을 평가하는 기준으로 세 가지를 제시했다. '키소 (지갑), 코소(술잔), 카소(노여움)'가 그것인데, 그 사람의 돈씀씀이를 통한 가치관, 술을 마신 후의 도덕관, 노여움을 표현하는 절제력 등 으로 그 사람의 인격을 알아볼 수 있다는 것이다.

    가짜뉴스도 이처럼 세 가지 정도만으로 알아볼 수 있으면 좋겠지 만 그렇지 않다. 뉴스로 포장한 가짜는 너무나 화려하고 너무나 그럴 듯해서 의심은 할 수 있지만 '가짜'라고 결론 내리기가 쉽지 않다. 가짜라고 뒤늦게 알아차릴 무렵 상황은 이미 끝나 있는 경우가 대부 분이다.

    물론 뉴스야 안 보면 그만이라고 말할 수 있다. 사람은 매일 만나 야 하기 때문에 인간 구분법이 더 절실하고 뉴스의 진위 여부는 일반 인에게는 그렇게 중요하지 않다고 말할 수도 있다. 그러나 필자의 경 우, 가짜뉴스에 흥분하는 사람을 보고 사람을 평가하는 기준의 하나 로 삼을 수 있을 것 같다는 생각을 하게 됐다.

    어느 날 함께 식사를 하던 가까운 지인이 "세월호 유족들에게 보상금으로 15억씩 돈을 주는 게 말이 되느냐"고 흥분했다. 그리고 "대학 교수니까 나보다 잘 알 거 아니냐. 설명해 보라"며 목소리를 높였다.

그에게 사실이 아니라고 설명해 봐야 들을 준비가 돼 있지 않기 때문에 일단 어디서 그런 뉴스를 봤느냐고 되물었다. 기억은 나지 않지만 어디선가 봤고, 또 다른 사람들도 그런 말을 하더라는 것이다.

그래서 스마트폰으로 검색해 보자고 했다. 사실 관계를 정확하게 알고 난 뒤 흥분해도 늦지 않다고 대응했다. 검색 결과 유튜브에서 주장하는 가짜뉴스임이 드러났다. 그러나 그는 사실을 확인하고도 여전히 불쾌한 감정, 부정적 인식을 바꾸려 하지 않았다. 가짜뉴스의 위력이 대단함을 실감했다.

인간은 이처럼 자기가 믿고 싶은 것은 사실이 아닌 것으로 밝혀져도 생각을 잘 바꾸려 하지 않는 경향이 있다. 특히 나이가 들수록 고정관념과 편견은 요지부동이다. 나이는 죄가 아니다. 게으른 미디어 소비자들, 스스로 사실관계 확인보다 남의 과장된 말이나 가짜뉴스를 쉽게 믿는 게 잘못일 뿐이다.

사람들은 지혜와 지식은 마치 아무 관련이 없는 것처럼 말한다. 삶의 지혜를 얻는 첫 번째는 지식 공부다. 두 번째는 경험에서 나온다. 지식이나 폭넓은 경험은 지혜를 쌓는 토대가 된다. 그래서 스마트폰 시대에도 책, 독서는 지식, 지혜의 원천이다.

가짜뉴스는 지식 축적의 방해물일 뿐이다. 가짜뉴스를 가려내는 분별력과 혜안은 지식 습득을 통해 얻어질 수 있다. 어리석은 자에게

재산은 재앙이듯이 아둔한 자에게 가짜뉴스는 진실이다. 가짜뉴스에 휘둘리게 되면 인간관계를 망치게 될 것이다.

가짜뉴스의 폐악은 인간의 올바른 의식 형성을 방해하고, 삶의 선택, 판단에도 악영향을 미치게 될 것이다. 가짜에 공분할 수 있어야 가짜의 희생양이 되지 않는다. 가짜는 생각보다 우리 주변 가까이 있으며 생각보다 여론에 치명상을 입히는 경우가 많다.

스마트폰에 넘쳐나는 정보와 뉴스는 매일 진짜와 가짜뉴스의 판단과 선택을 요구한다. 이 책이 그런 판단의 순간에 도움을 줄 수 있다면 더 이상 바랄 것이 없다. 올바른 개인의 판단이 올바른 여론 형성의 기초가 되고, 이는 건강한 민주주의를 발전시키는 동력이 될 것이다.

무엇보다 개인이 가짜뉴스의 희생물이 되지 않기를 희망한다. 가짜뉴스는 인간의 판단 기준, '키소(지갑), 코소(술잔), 카소(노여움)'에 직접적인 영향을 미치게 된다. 가짜뉴스에 흥분해서 지갑을 여는 경우도 많아지고 술 마시고 흥분하여 크고 작은 사고를 치는 경우도 종종 있다.

가짜뉴스 분별력은 개인의 인격 형성, 인간관계 등에도 큰 영향을 미친다. 가짜뉴스가 아니더라도 인생을 살아가면서 진위 여부를 판단하고 선택해야 하는 경우는 시도 때도 없이 발생한다. 스마트폰은 공기처럼 주변의 가짜를 함께 보여 주며 개인에게 끊임없는 판단을 요구한다.

이 책은 그런 관점에서 작은 도움이 될 수 있기를 진심으로 바란다.

부족한 필자를 믿고 탈고와 제작에 도움을 준 서용순 사장님께 먼저 감사의 말씀을 드린다. 인내심 많은 아내의 지지에도 고마움을 표한다. 60대 아버지를 여전히 믿고 존중해 주는 아들 김병준의 사려 깊음은 내 인생의 즐거움이다. 페기 구(Peggy Gou)로 알려진 딸, 김민지의 진취적이고 도전적인 삶의 모습은 젊은 시절 내 모습을 보는 듯하다. 가족 구성원의 지지와 도움을 받는 것은 축복이다. 오직 범사에 감사할 뿐이다.

당신이 진짜로 믿었던 가짜뉴스

미디어 리터러시와 미디어 비평

펴낸날   초판 4쇄 2022년 9월 1일

지은이   김창룡
펴낸이   서용순
펴낸곳   이지출판

출판등록   1997년 9월 10일 제300-2005-156호
주 소   03131 서울시 종로구 율곡로6길 36 월드오피스텔 903호
대표전화   02-743-7661 **팩스** 02-743-7621
이메일   easy7661@naver.com
디자인   박성현
인 쇄   (주)꽃피는청춘

ⓒ 2019 김창룡

값 15,000원

ISBN 979-11-5555-116-5   03070

이 도서의 국립중앙도서관 출판예정도서목록(CIP)은 서지정보유통지원시스템 홈페이지(http://seoji.nl.go.kr)와
국가자료공동목록시스템(http://www.nl.go.kr/kolisnet)에서 이용하실 수 있습니다.(CIP제어번호: CIP2019032603)

당신이
진짜로
믿었던
가짜뉴스

미디어 리터러시와 미디어 비평